リベラルの自滅

「日本再発見」講座Ⅲ

元駐ウクライナ大使
馬渕睦夫
Mabuch

まえがき　～狂気とも言える、リベラル勢力の暴走

ドナルド・トランプ大統領の当選後、「グローバリズム」という言葉が今まで以上にメディアを賑わすようになってきました。メディアはこぞって、「グローバリズムが危機に瀕している」と訴えます。

「アメリカ・ファースト」という言葉に代表される、ここ1、2年の間に台頭してきたナショナリズムの動きを、「保護主義」あるいは「大衆迎合主義」だとして〝危険〟のレッテルを貼るのに必死です。

私は、一貫してグローバリズムは終焉《しゅうえん》しつつあるということ、それ以上に、可能な限り早く終焉されるべきものであることを、機会あるごとに述べてきました。グローバリズムとは、「アメリカ・ウォール街を中心とした国際金融資本勢力が編み出した、世界のグローバル市場化を達成し〝世界統一〟を実現するための思想」です。そして、その背後にある思想が「リベラル」なのです。

リベラルな国際秩序はいまや暴走を起こして、世界中に、テロや紛争をはじめとする深刻な問題を生むに至りました。

グローバリズムは、時に「国際自由主義秩序」と呼ばれる場合がありますが、これは言葉の綾《あや》に過ぎず、「ポリティカル・コレクトネス」に基づく思考停止に過ぎません。

グローバリストたちは、経済市場のグローバル化を意図してきたわけですが、その弊害はこれからますます明らかになるでしょう。この秩序は、もう守るべきものではありません。

また、グローバリズムやリベラルが生んだ欺瞞《ぎまん》のひとつに、「国際協調主義」があります。「戦後、今までの世界の秩序は国際協調主義という素晴らしいものだった」――と、保守論壇においてさえ、この手の意見が強く見られます。

常識で考えても、これは嘘だということはわかります。世界が国際的に協調した、また協調しようとしたためしなどありませんし、そもそも国際協調主義などという主義が秩序になるはずはありません。

私たちは、こういった言葉に納得させられ、〝洗脳〟されてきました。私たちは今から、今までの世界、つまり「グローバリズム」や「リベラル」の弊害を改め、「ナショナリズム」あるいは「愛国主義」との並立・共存を図っていかなければなりません。
改めるべき問題点と改めるための方法、そして、日本を取り戻すための考え方（＝「日本再発見」）を本書で考えていきたいと思います。

馬渕睦夫

リベラルの自滅
「日本再発見」講座Ⅲ

◎目次

第二章　グローバリズムの落とし穴

第三章　トランプ大統領VS.リベラル・メディア

第四章 「安倍おろし」の本質

●日本再発見その十四
目覚めていないのはメディアだけ

第五章 「天皇譲位」を考える

あとがき〜「リベラル」は自ら崩壊してゆく運命にある　223

※本書は、ＤＨＣテレビジョンの番組『和の国の明日を造る』（監修・出演：馬渕睦夫）平成29年１月〜７月放送分の内容をもとに、加筆・修正し再編集したものです。

第一章

リベラル思想から生まれた「ポリティカル・コレクトネス」

日本再発見
その壱

「ポリティカル・コレクトネス」で捻じ曲げられる史実

◆〝保守〟とは「道徳」「道義」を守る最後の砦

メディアの欺瞞《ぎまん》が、現在、日を追うごとに暴かれつつあるようです。発端は、Brexit《ブレグジット》（イギリスのEU脱退）とドナルド・トランプの米大統領選当選でした。しかし、いまだメディアは「ポリティカル・コレクトネス」に執着し、食らいついています。しかし、それももう、今後は通用しなくなるだろうと思います。トランプ大統領に対しては、今も依然として多数の批判がメディアで行われています。メディアだけではなく、日本の保守系知識人も批判しています。そういうメディア、そういう人たちは、やはり、ポリティカル・コレクトネスに執着しているのだと言えるでしょう。

左系の人たちはもちろんですが、産経新聞によく出てくる保守系と称される知識人のほとんどがじつはグローバリストです。

私自身は、日頃から、自分は保守主義者だと思い、またそう公言もしています。「保守とは何か」ということも、以降、本書の随所で述べていきたいと思いますが、今、私が考えているのは、保守とは、何か保守の大きなプロジェクトを持っているとか、そういうことではないということです。

私なりの保守の概念は、「道徳を守る最後の砦」だということです。日本に連綿と続いている高い道義性、日本人としての道徳、それを守る——というのが保守なのです。保守が、言わば新しい改革思想を持っていても、何もおかしくはありません。しかし、保守の最後の砦は「道義を守る」「道徳を守る」ということです。

日本の国土に、『古事記』以来連綿と伝わってきている「日本の道徳観」というものを守るというのが保守の役割であろうと私は思います。ですから、「危機の時」にこそ〝保守〟が現れてくるわけです。

そういう意味で私は、２０１７年からこの先は、特に「危機の時」だと、はっきりと申し上げます。したがって、本当の保守が出てこなければいけませんし、保守が活動しなければならないのです。

「日本の道徳」は守られなければなりません。そして、日本の道徳を守るのは、皆さん一人ひとり、私たち国民一人ひとりであるということです。

◆「無気力な社会」を生み出す危険性

ポリティカル・コレクトネスについては、作家の曽野綾子さんが非常に含蓄《がんちく》のあるエッセイを書いておられます。産経新聞の連載コラム「透明な歳月の光」の2017年4月19日掲載のエッセイです。

《大人の言葉遣い　わからぬ幼稚》というタイトルです。曽野綾子さんは小説家ですからやはり言葉を重要視されておられます。

《悪いことを一切言えなくなったら、むしろこの世界がどんなに硬直して、幼稚で殺伐《さつばつ》なものになるか、自明のことなのだが、今、世間は誰が主体なのかわからないポリティカル・コレクトネス（社会的に政治的に公正・中立、差別偏見がない表現。真の心の中は問われない）に狂奔《きょうほん》しているから、すぐに言葉尻をとらえて相手をやっつけ、謝罪を要求することができる空気を作り出している。謝罪させるなどというのは、幼稚な行為のはずなのに》（2017年4月19日　産経新聞「透明な歳月の光」より）

まさにこういうことが今、起こっています。

では、ポリティカル・コレクトネスとはいったいどういうことでしょうか。

それは曽野さんのエッセイの文中にあるように、「社会的、あるいは政治的に公正・中立、差別・偏見がない表現」です。問題は、その次です。

曽野さんは「真の心の中は問われない」と書かれておられます。ここが問題なのです。つまり「心の中で思っていることと、言っていることとが、乖離《かいり》している」、そして「乖離していても問題にならない」ということなのです。

これによって社会はどうなるか。まったく無気力な社会を生み出してしまう危険があるということです。

◆「全体主義」＝「幼稚で殺伐とした社会」

そうなる危険があるばかりでなく、それをすでに生み出してしまっているのが現在の状況です。そういうことを曽野さんは、このエッセイで上手に主張しておられます。

私たちは人間ですから、時には、悪いことと言いますか、嫌みのひとつも言いたくなります。しかし、ポリティカル・コレクトネスによって、そのようなことが一切言えなくなってしまいました。

そういう社会というものが、どんなに硬直しているものであるか。どれだけ幼稚で殺伐としたものになるか。そんなことはわかりきっています。だからこそ、私たちはそういうものにうんざりしているわけです。

にもかかわらず、まだ「ポリティカル・コレクトネス！　ポリティカル・コレクトネス！」と言い募《つの》る。それがメディアであり、メディアに出てくるほとんどの知識人です。

また、この曽野さんのエッセイ《大人の言葉遣い　わからぬ幼稚》を読んで、あらためて感じたことがあります。

ポリティカル・コレクトネスが蔓延《まんえん》している社会とはどのような社会か——、じつは私自身、すでにそれを外国で経験していました。「ソ連」です。共産主義社会がまさにこれなのです。

表向き、共産主義社会は労働者天国だとか、階級のない社会だとか、平等の社会だとか、男女平等であるなどと言われていました。しかし、現実はまったく違っています。ソ連という国は、情熱を表には出せない、ただ無気力でやる気のない社会でした。ポリティカル・コレクトネスによって到来するのはそういう社会ですし、現にその一部はすでに日本にも来てしまっています。

私だけではなく、多くの方々が、ポリティカル・コレクトネスの危険性を訴え続けているのはこれが理由です。私たちの住む社会は、今、すでに半分ほどは「全体主義」に陥ってしまっています。

◆トランプ大統領は「南北戦争」を正しく理解している

「トランプ大統領は南北戦争を知らない――」という記事が、2017年5月2日の産経新聞に出ていました。

《「トランプ氏が南北戦争でも妄言　奴隷制めぐり戦ったはずが……歴史知識の欠如露呈」

トランプ米大統領が1日放送のシリウスXMラジオとのインタビューで、「なぜ南北戦争（1861～1865年）は起きたのか。なぜ防止できなかったのか。誰も疑問を呈さない」と述べた。南北戦争は、奴隷制の是非をめぐって当時の北部州と南部州が戦ったのは一般常識で、ネット上では「残念な発言だ」（リチャードソン元ニューメキシコ州知事）などとトランプ氏の基礎的な歴史知識の欠如を批判する書き込みが相次いでいる》（産経ニュース・ネット版　2017年5月2日）

「トランプ大統領は南北戦争が起こった原因を知らなかった。それは歴史知識が欠如しているからだ」と批判しているのです。つまり、「南北戦争は奴隷解放をめぐる北部と南部の戦いだった」ということが、当然の前提になっているわけです。しかし、そうではありません。

「なぜ南北戦争は起きたのか、なぜ防止できなかったのか、誰も疑問を呈さない」というトランプ大統領の発言は、じつは正しいのです。トランプ大統領は、今世紀に入ってからの間違った歴史、真実が隠されてきた歴史について、風穴を開けようとしているわけです。

これを、メディアは茶化して書きました。南北戦争がなぜ起きたか——、トランプ大統領はそんなことも知らないのかというわけです。

また、トランプ大統領は「(第7代大統領のアンドリュー・ジャクソンが)もう少しだけ(大統領になるのが)遅かったら、南北戦争は起きなかった。彼はタフな人物だが寛容な心を持っていた」「彼は南北戦争について、こんな戦いをする理由はないと本当に怒っていた」と発言しました。ただし、ジャクソン大統領は、南北戦争のときにはすでに亡くなっていましたから、さらにメディアは「トランプ大統領は何も知らない」と茶化すような内容で報道しました。

しかし、トランプ大統領はじつに重要なことを言っているのです。

◇「南北戦争」の本当の原因とは？

私自身、「南北戦争がなぜ起きたか」ということについては、『国難の正体』（総和社）という本でも書いたことがあります。当然のことながら、「奴隷解放」の問題ではありません。

奴隷解放が目的で戦争なんてしません。それは後からとってつけた理由です。

それでは、南北戦争はなぜ起きたのか――。これは、じつは現在のアメリカ存立そのものに関わる問題なのです。

そのときアメリカで何が起きていたのかということは、アメリカ史、あるいは世界の歴史から隠されています。トランプは鋭い人ですから、そこに疑問を呈したわけです。

「イギリスがアメリカを分裂させようとした」――、それが南北戦争の原因です。

トランプ大統領は、わかっていてもそこまでは言えないのでしょう。でもアメリカ人の中の、心ある人はわかっていると思います。

イギリスがアメリカを分裂させようとしたのはなぜかと言えば、アメリカが、経済的にイギリスを抜く勢いを持ち始めて来ていたからです。イギリスは、そうはさせぬということで、南部に工作をして、南部諸州をアメリカ合衆国から離脱させました。

しかも、北軍と南軍の対立で、北軍を支持したのが、ロシアのアレクサンドル2世でした。ロシアがリンカーンのアメリカを支持したのです。

アメリカが今日、「統一」を保っているのは、じつはロシアのおかげなのです。それは歴史の逆説と言ってもいいかと思います。

アメリカ人の中にもそういうことを、知っている人は知っています。もちろんトランプ大統領も知っているということになります。

覚えておられる方も多いかもしれませんが、一時期、トランプ大統領はロシアとアメリカの２００年以上にわたる友好関係について、発言していました。そこには、当然、南北戦争で北部を支援したロシアというものも入っているわけです。

そのように考えれば、これはトランプ大統領が歴史を知らないという話ではないのです。トランプ大統領は、今までの「間違った歴史認識を正そうとしている」という話にならなければいけないのです。

トランプ大統領同様、私たち日本人も自国の歴史認識を正さなければいけません。そういった、歴史認識をめぐる客観的な情勢が国際的にできあがりつつあるということを見逃してはいけないと思います。

◆第7代ジャクソン米大統領を正しく評価する

南北戦争の頃のアメリカについては、トランプ大統領が触れたジャクソン大統領についても知っていただきたいと思います。彼については、「粗野な大統領だった」「インディアンを撲滅した大統領だった」ということばかりが言われます。

ジャクソン大統領が最大限に評価されるべきなのは、アメリカの中央銀行の存続を認めなかったという点です。「第二合衆国銀行」（１８１６年にアメリカ合衆国議会によって公認された米国の中央銀行。ただし、80％はイギリスを中心とする民間資本）が１８３６年に期限切れを迎えることになっていたのを、その存続をあくまで阻止したのがジャクソン大統領でした。

これによってアメリカの通貨発行がイギリス金融資本家に支配されるのを阻止したのです。以降、１９１３年の「連邦準備制度」（１００％民間資本）の成立まで、アメリカでは中央銀行が不在で、イギリス金融資本家の支配を逃れることができたのです。

アンドリュー・ジャクソンは、アメリカを救った大統領なのです。トランプ大統領の先の言葉はそういうことを言外にほのめかせていたと私は思います。

実際、歴史の時間的前後関係を誤解したようなことはあったかもしれません。しかし、それも、ジャクソン大統領を見直させるためのトランプ流の一つの作戦ではないかという気すら、私はしています。

私たちも同じように、今まで与えられてきた、または洗脳されてきた歴史というものをもう一度見直さなければならないと強く思います。

ジャーナリストの髙山正之さんとの対談をまとめた本『日本人が知らない洗脳支配の正体 日本を見習えば世界は生き残れる』（ビジネス社）では、私たちがいかに無意識のうちに洗脳されてきたのかをじっくり話し合いました。

髙山さんは非常に良心的な方ですから、洗脳するメディア側におられた自らの反省も含めてお話しになっています。私はメディアすべてが悪いと言いませんが、明らかにメディアのひとつの役割として、言論の自由を守ることの他に、じつは国民を洗脳することがあったということです。

日本再発見
その弐

加速するリベラル・メディアの偏向報道

◇「親中」姿勢を中国にアピールするNHK

ポリティカル・コレクトネスに基づく「洗脳」が巷《ちまた》にあふれれば、いったいどういう世界に進んでいるかがわからなくなります。その洗脳の一つとして、NHKの例をあげましょう。

2017年5月4日から3日間にわたって、横浜でアジア開発銀行（ADB）の「第50回年次総会」が開催されました。そのときの麻生太郎財務大臣の基調演説と、中尾武彦ADB総裁の演説をNHKが報道しました。

NHKが焦点を当てたのは、日本政府側の麻生財務大臣と中尾ADB総裁の、中国のアジアインフラ投資銀行（AIIB）に関する姿勢が違うということでした。はたしてそうだったでしょうか。

私は、演説の記録を原文で読んでみましたが、麻生大臣も中尾ADB総裁も同じことを言っています。違うことなど何も言っていません。

中尾ADB総裁の場合は、「AIIBも含めて協力関係を進めていく」と言っておられるに過ぎません。麻生大臣もその趣旨で話されています。

NHKの報道は、いかに中尾ADB総裁がAIIBに協調的および協力的で、日本政府は非協力的かという見せ方をしていました。そのようにＮＨＫは視聴者を洗脳しようしているわけです。

ＮＨＫは本当にひどいと私は思います。こういうやり方で、「ＮＨＫがつくった」日本政府の姿勢を中国に宣伝しているわけです。

中国にしてみれば、ＮＨＫが日本の国民に対してこのような宣伝をしてくれるわけですから、こんな役に立つ報道機関はありません。だから中国の中央電視台（中華人民共和国の国営放送局）は、ＮＨＫの本社の中に日本支局を構えているわけです。

これが日本のメディアの実態です。皆さんが思っている以上にひどい状況です。

ＡＩＩＢはインフラ投資銀行としての仕事はできません。それについては私だけではなく、いろいろな方が論評しています。

ＡＩＩＢは、ディスバース（援助実績）が、２０１７年５月の段階で、未だに１９００億ドルです。それも、コミットメント（約束）の段階で、お金は融資には至っていないと思います。

できないのです。ＡＩＩＢが活動しようと思えば、金融マーケットで起債（債券の発行と募集）をしなければなりません。つまり、お金を借りてきて、それに利子を上乗せして貸すわけです。

ＡＩＩＢは、それができません。格付けがないからです。なぜ格付けがないかと言えば、アメリカと日本がそこに入っていないからです。そんなＡＩＩＢなど、国際マーケットでは誰も信用しません。

日本の投資家も同じでしょう。ＡＩＩＢ債はまだ公募されていませんが、公募されたとしても誰も買わないでしょう。破綻《はたん》するのが目に見えているわけです。しかし、日本のメディアは、そういうことを一言も言いませんし、報道もしません。

特にＮＨＫは言いません。それどころかＡＩＩＢがアジア開発銀行（ＡＤＢ）に取って代わるこれからの機関であるかのように工作して、世論誘導をしているわけです。そういうことが、日頃から、さりげなく行われています。ニュースを見る場合には、私たちは、よほど注意する必要があります。

㊟　その後、6月19日に、アメリカの格付け機関ムーディーズが、なんとＡＩＩＢを「トリプルＡ」（ＡＡＡの最高格付け）に格付けしました。国際金融機関の実績のないＡＩＩＢにいきなりトリプルＡの最高格付けを与えることなど常識では考えられません。裏でなんらかの取引が行われたものと思われます。逆に言えば、このような無理をしなければならないほどＡＩＩＢは追いつめられているのです。

◆マクロン大統領「圧勝」と伝えるメディアのごまかし

フランスと韓国の大統領選挙の日本における報道は、はっきり言って過剰でした。特にフランスの大統領選挙で日本のメディアがこんなに大騒ぎすることはなかったと、私は思います。もちろん、フランスなど大した国ではないので放っておけと言っているわけではありません。

私には、どうして日本の新聞はおしなべて「親ＥＵ」なのかがわかりません。少なくとも中立であっていいはずですが、２０１７年5月7日の大統領選即日開票の報道では、産経新聞も含めて日本の新聞は軒並み、中道系独立候補のエマニュエル・マクロン元経済産業デジタル相が「圧勝」したと伝えています。

マクロンは「圧勝」などしていません。メディアはごまかしています。

決選投票の結果によれば、マクロンが66・1％、極右国民戦線（ＦＮ）のマリーヌ・ル・ペン候補が33・９％ですからいかにも圧勝していそうな印象です。

しかし、そうではありません。白票、無効票が11・47％もありました。マクロンの66・１％は「有効投票中」の得票率です。

投票に行った人の総数の中でいくらとったかと言えば、たった58％です。

58％しかとっていないわけですから、圧勝とは言えません。マクロン氏に対する支持は、一部メディアでは指摘されていますが、消極的な支持です。「ルペンではどうも……」ということによる支持ですから、とても圧勝と言えるものではありません。

フランスでは15年前に、マリーヌ・ル・ペンの父親のジャン＝マリー・ル・ペン候補とジャック・シラク元大統領が決選投票したことがありましたが、そのときのシラクの得票率は80数％でした。こういうのを「圧勝」と言うのでしょう。

ただ、私は、今回のルペンが圧勝かどうかをここで問題にしたいわけではありません。「圧勝」という表現が、相変わらずのポリティカル・コレクトネスによって出てきた表現だということが問題なのです。

◆「自国第一主義」は「大衆迎合主義」ではない

新聞の論調は「ポピュリズムの台頭が際立っていた」というのが主流です。例えば、産経新聞ですが、開票速報を伝える記事にこんな一文があります。

《開票の結果、マクロン氏の勝利が確認されれば、英国のＥＵ離脱やトランプ米大統領の発足後、「自国第一」を掲げて勢いづく大衆迎合主義（ポピュリズム）勢力の伸長を食い止めることになる》（産経ニュース・ネット版　２０１７年5月8日）

「イギリスの国民投票やトランプアメリカ大統領の誕生で、自国第一主義や排他的主義を掲げる大衆迎合主義ポピュリズムの台頭が際立ってきた」ということが書いてあります。私はことあるごとに指摘しているのですが、どうして「自国第一主義」が「大衆迎合主義」になるのでしょうか。

仮に大衆に迎合したとしましょう。そうであれば、選挙で30％あるいは40％しかとらなかった人が、はたして大衆迎合主義者だったと言えるのでしょうか。

これを自己矛盾と言います。しかし、私は、そういったことをあげつらうつもりはありません。

新聞は、相変わらず、移民に対する厳しい主張である「自国第一主義」や「排他的主張」を「大衆迎合主義だ」と言っているわけです。これは、ポリティカル・コレクトネスの最たるものです。

「自国第一主義」は、大衆迎合主義でもなんでもありません。そもそも、すべての国が自国第一主義です。「自国第一主義」と口に出して言えば大衆迎合主義になり、黙っていれば大衆迎合主義にはならないとでも言うのでしょうか。

今回勝利したマクロンは、「フランスの再生案」と言っています。これは、もちろん「フランス第一主義」です。

「ＥＵを大切にしていこう」という姿勢はもちろんありますが、「ＥＵとフランスのどちらを取るか」と問われれば、フランス人は誰だってフランスを取ります。自国第一主義というのは、それだけのことです。

そんなことはわかりきっていますので、メディアはポリティカル・コレクトネスを広げて、ごまかしているわけです。

本音ではそう考えていないのに、「私は移民には賛成です」とか「移民は受け入れるべきだ」と、言っておきさえすれば通ってしまう、それで済んでしまうという世の中になっています。そういう意味ではものすごく息苦しい世の中になる危険があると、私は思います。

新聞ばかりでなく、日本のほぼすべての知識人は「国際協調路線」が好きです。国際協調路線とはいったい何のことを言っているのでしょうか。

言っている誰もがわかっていないのです。だから、「言葉だけで言っておけばいい」ということになります。国際協調路線という言葉からは「なんとなく仲良くすればいい」

ということ以外、問題の本質も解決策もまったく見えてきません。

「嘘」と言ってもいいポリティカル・コレクトネスに基づいた、こういった言説を私たちは毎日聞かされています。そうすると私たちは、自分の頭で考えることがだんだんできなくなってくるという危険性があるわけです。

日本再発見
その参

平気で「言葉狩り」をする
リベラル勢力

◆一橋大学学園祭で中止された、百田尚樹講演会

リベラルと称する人たちは「言葉狩り」、さらに言えば「言論弾圧」を行います。一橋大学の学園祭で、百田尚樹《ひゃくたなおき》氏の講演会が圧力で中止になったという出来事が2017年の6月にありました。

言うまでもなく、なぜ中止になったのか、誰が圧力をかけたのかというのはわかります。わかりますが、名誉毀損《きそん》だと言って圧力をかけた連中が騒ぐ恐れがありますので私もあえてここでは申し上げません。

それよりも私は、この問題に対する大学側の態度というものに非常に疑問を持ちました。産経新聞のネット配信記事《「講演会中止」の波紋広がる　反対の〝圧力〟で学生動揺も》に、こういう一文があります。

《一橋大は「KODAIRA祭は本学学生が運営する行事であり、諸企画の立案、実施については学生の自主性を尊重している」などとコメントした》（産経ニュース・ネット版　2017年6月5日）

学生が勝手にやったことだということになっていて、まさに大学は逃げているわけです。

つまり、「学生が中止したのだ」ということです。大学はなんら関知していないという無責任なコメントです。

それでは、学生以外の団体、つまり部外の団体から「圧力」があった場合にも、大学側は黙っているのでしょうか。「圧力」は部内でもあったと思いますし、部内の、例えば学生運動の組織からもあったかも知れません。しかし、部外から「圧力」があった場合に対しても大学側は黙っているのかということです。

大学当局のコメントが、この通りのコメントであったとすれば、これはもう、今、いじめ問題から逃げている教育委員会とまったく同じ発想です。実態として、大学はここまで堕ちてきている、ということだと私は思います。

講演会の反対派は、百田氏が、かつて、いわゆる差別発言をしたことがあると勝手に言っています。したがって、そういう人物の講演会を大学祭でやるのは問題だという理屈です。

これは「為にする議論」であるということは、皆さん、ご存知の通りです。しかし、これは単に一大学の問題として、たまたま起こった百田尚樹氏のバッシング問題として見過ごして済む問題ではありません。

◆「百田尚樹講演会中止問題」は国難そのもの

私は、これこそが今、日本を覆っている「国難」だと思っています。極論になるかもしれませんが、つまり今、私たちは〝戦争〟に巻き込まれているのです。

外からの軍事侵略ではありません。将来そういうことが起こるかも知れませんが、今の状態は、外からの「軍事侵略の前の戦争」です。

「日本を内部から崩壊させよう」「日本の秩序を崩壊させよう」——、そういった「工作」、つまり「戦争」が行われているわけです。

日本はすでに戦争に巻き込まれています。そういう認識を持たなければいけない状況に、私たちはあります。単なる一大学における講演拒否の問題ではありません。

ポリティカル・コレクトネスの衣を着た言葉狩りが、現在進行形で、ものすごい勢いで行われています。このことを私たちは、いわば内部撹乱、内部分裂を意図した戦争だと見なければいけません。

「戦争」などという言葉を使うと、それだけで拒否反応を起こす方もいらっしゃるかもしれません。しかし、歴史を見ればわかるように、国家は外部からの軍事侵略だけで滅ぶものではありません。むしろ、軍事侵略される前に、すでに内部崩壊で滅んでいるケースが多いのです。

現在、日本とアメリカには「日米安全保障条約」があります。だから、侵略したい側には、そう簡単に外から軍事侵略はできないという判断が生まれます。

けれども、内部から日本の秩序を壊すという工作はできないことではありません。現に、今、そのことが集中的に行われているわけです。

昨今の森友学園問題も、加計学園問題も、それから、皇室問題も、すべて底流は同じです。日本の内部から分裂させるという目的を持って行われています。

これは戦争の、新しいやり方です。私たちは、そのように認識しなければいけません。この新しい戦争には、明確に理論があり、革命戦術があるのです。かねてから何度も申し上げている、フランクフルト学派（※注1）の理論です。

それは「批判理論」と呼ばれています。「既存の秩序を徹底的に批判し続ける」こと

※1　**フランクフルト学派**……1930年代以降、ドイツのフランクフルトの社会研究所に参加した一群の思想家たちの総称。マルクス主義・精神分析学・アメリカ社会学などの影響のもとに「批判理論」を展開した。ホルクハイマー、アドルノ、ベンヤミン、マルクーゼ、フロム、ノイマン等がいる。

がその実践です。「批判理論」によって社会を内部分裂させることが目的です。これが今、日本で行われているわけです。

では、どういった人々が「批判理論」を実践しているのでしょうか。これはもう明確で、簡単に言えば、左翼・リベラルということになります。

◆リベラルの武器「批判理論」に気をつけよ

「批判理論」の実践者には、野党も含まれます。もちろん、外国勢力も見えない形でそれに加担しています。

そして、私たちは、このことを、ポリティカル・コレクトネスという綺麗事《きれいごと》で見えなくさせられているわけです。例えば、「ヘイトスピーチ」の問題はその代表的な例です。ヘイトスピーチをやってはいけないというのは常識です。しかし、その常識について、法律をつくって規制するということになると、それは悪のりというものであって、悪弊《あくへい》というものが出てきます。

ヘイトスピーチをやりそうな気配があるデモは事前に規制するということにもなります。そういうことが、もう現に行われているわけです。

いずれこれが、各都道府県で、罰則を伴うような条例として成立する危険性が大いにあります。「ヘイトスピーチ規制法」（対策法：2016年6月施行）がひとり歩きをしてしまう危険性です。

危険性があるどころか、もう現実のものとして出始めてきています。フランクフルト学派の広い意味での戦略の一部が稼働しているわけです。

ヘイトスピーチ規制法は自民党が推進したのですが、議員の方々は、いったいどれだけこのことを理解しているのでしょうか。私は非常に危機感を持っています。

残念ですが、日本はすでに戦場にあるという認識が必要です。多くの国民が気づいたときには、もう遅いでしょう。

ですから、今、私たちは阻止しなければいけません。最近の皇室報道のひどさは目に余るものがありますが、それも、「批判理論」の一環なのです。

この2017、2018年が本当に勝負のときではないかと、私は思っています。「批判理論」は宣伝戦であり、プロパガンダ戦です。ポリティカル・コレクトネスという形でコーティングし、一見、柔らかくて心地良さげな衣を着せて、実に恐ろしいことが水面下で進行しているわけです。

それを打ち破るには、その流れをせき止めるにはどうしたらいいかと言えば、これは、

「私たちの自覚」以外にありません。残念ながら政治にそう多くは期待できません。自民党の中にも、ポリティカル・コレクトネスを一生懸命推進している政治家がおられるわけです。ということは、私たち自身が自衛する必要がある、ということになります。

◆大切なのは『古事記』の精神に気づくこと

それでは、そういった「批判理論」、それを隠す「ポリティカル・コレクトネス」から、私たちはどのように自衛したらよいのでしょうか。

これもまた、私がかねてより申し上げていることですが、『古事記』の精神というものをもう一度見直すということです。『古事記』の精神に気づくということです。

フランクフルト学派というのは、学問的には難しい話になりますが、簡単に言えば「人間性悪説」に基づいています。そもそもジークムント・フロイトの精神分析学（特に、「エディプス・コンプレックス」の理論）から派生した、「生まれながらに人間は不幸な存在である」という考え方が基になり、そこを出発点としています。

これは、日本の伝統的な精神である「もともと人間は素晴らしい存在である」という考え方と、まったく真逆です。この日本の伝統的な精神をもう一度見直して、ここに気づくということが最大の自衛法なのです。
「生まれながらに人間は不幸な存在である」ということになれば、「その不幸な存在に追いやっている今の秩序を破壊すればいい」ということになります。これが「批判理論」の根本の原理です。

そして、この考え方は、日本人にとっては根本から受け入れられないものです。しかし、この「批判理論」を堂々と広めているのが日本の多くの大学であり、メディアでもあると言わざるを得ません。それが今の日本の状況です。

私はフロイト学をそれほど深く勉強したわけではありませんが、最初からこれには拒否反応がありました。「人間は生まれながらにして、すでに不幸だ」という発想になじめなかったのです。

生まれながらにして不幸などということはあり得ません。もしそうであれば、人間はそもそも生まれないはずだ、と考えるのが常識というものだと思います。

私たち日本人は、西洋の、フロイトのような偉いと言われている人が言っているというと、無批判に受け入れて信じてしまう傾向があります。しかし、日本には、古来、立派な思想があるのです。

それは『古事記』です。私たちは、『古事記』の精神をもう一度取り戻さなければいけません。それによって、私たちの「精神武装」はより強力なものになると、私は思っています。

日本再発見
その四

「国連」は決して〝正義〟の機関ではない

◆国連から攻撃され続ける日本

今、日本に対して、国連から、様々な「攻撃」（と言ったほうがよほど正確な「批判」）が行われているということを理解する必要があります。こういった、国連の反日的な傾向は、いったいどこから来るのでしょうか。


《「国連特別報告　嘘まき散らすのは何者か」

国連特別報告者によるいわれなき対日非難が相次いでいる。政府の圧力で歴史教科書がゆがめられている、メディアが萎縮しているなどの一方的な指摘だ。テロ等準備罪を新設する組織犯罪処罰法改正案にも疑問符をつけた。

誰の話を根拠にしたのか。不当な批判を放置してはならない。

特別報告者とは何者なのか、と思う人は少なくないだろう。国連の主要な機関である人権理事会が法律家などの中から任命する。国・地域別やテーマ別に調査し、勧告などを行うものだ。〈中略〉

例えば日本の「表現の自由」の現状を調査した特別報告者、米カリフォルニア大教授のデービッド・ケイ氏の報告書案では、教科書で慰安婦問題に関する記述が減っている

ことなどをあげ、「政府は介入を慎むべきだ」とした》（産経ニュース・ネット版「主張」2017年6月2日）

このデービッド・ケイという国連人権理事会の特別報告者が、日本の報道の自由について、まったく間違った報告を行ったことが注目されました。ジュネーブの人権理事会で行ったデービッド・ケイ氏の報告に対しては、その場で我が国のジュネーブ駐在大使が反論しております。

問題は、明確な嘘を堂々と報告し、明らかに嘘を撒き散らそうとしている国連の特別報告者デービッド・ケイ氏の姿勢は、いったいどこから来るのかということです。デービッド・ケイ氏がこのような態度をとる、その理由はいったい何なのでしょうか。

もちろん、これは確信犯です。デービッド・ケイ氏は訪日していろいろとヒアリングを行ったそうです。もちろん日本政府はそれに対応し、説明しています。日本政府はまた、デービッド・ケイ氏の事前の予備報告書に対してもコメントしています。

しかし、それらは、事実上何も取り入れられませんでした。ケイ氏には最初から取り入れるつもりなどなかったのです。

なぜ、そのようなことが国連を舞台に起こっているかといえば、ここには、国連が持つ構造的な問題があります。人権理事会、あるいは拷問禁止委員会の勧告的意見など、いろいろありますが、これらは「アドボカシー」と言います。

アドボカシーとは、該当被害者の権利擁護を第三者が積極的に主張すべきであるとするイデオロギーです。しかし、人権と言っても厳密な定義があるわけではありません。人道問題と呼んでしまえば、何でも人道問題にすることができてしまうという側面があります。本当の人道問題から目を背けることさえできます。

◆NGOのイデオロギーに支配される国連

私は、国連の活動を全部否定するわけではありません。特に災害救助など緊急的な救援に対しては、国連もそれなりに役に立つことをしています。

しかし、社会分野での活動はひどいものです。日本を含めた先進国にとっては、本当に百害あって一利なしの状況です。

害はあっても何のメリットもないのが人権理事会です。この人権理事会は、どういう国がメンバーになって運営されているか、あらためて確認すると、皆さん、きっと驚かれることと思います。

国連の常として、地域グループ別に理事国が選挙で選ばれるのですが、２０１７年の1月1日に、新しい理事が公表されました。アジアには8席あり、4カ国がこの1月から理事になっていますが、まずその一国が中国です。そして、イラク、サウジアラビア、それから日本です。

日本はともかく、右に上がった国々の人権状況はどうでしょう。人権が守られていないと思われるような状況の国々が人権理事会のメンバーになっているわけです。

これらの国を誹謗《ひぼう》しているわけではありません。しかし、客観的に、どう見ても人権が守られていない国々から人権理事が出ているのです。

例えば、デービッド・ケイ氏の「報道の自由を懸念する報告書」などは、まさに中国に向けられるべき問題でしょう。中国の報道は、すべて中国共産党が握っているのですから。

このことだけを見ても、デービッド・ケイ氏の報告は欺瞞そのものであることがわかります。抗議どころの話ではありません。国連に対する拠出金を凍結する根拠となるべき問題です。

拠出金の凍結など日本はやらないだろうということを見越して、こういうことを国連は堂々とやるわけです。そして、最大の構造的問題は、国連の職員は各々の分野の専門家とはかぎらず、こういった人権理事会あるいは人道問題を扱う理事会の理事は、各国政府の代表から成っているということです。

つまり、理事会の人々は、各国の人権問題、報道の自由の問題など、ほとんど何も知らないのです。それでは、どのように情報を得ているのかというと、NGO（非政府組織）から得ているのです。ここが問題なのです。

日本の場合は、左翼・リベラルの反日NGOが、国連のNGOに多く登録されています。「ヒューマンライツ・ナウ」もそのひとつです。

そういう人たちが吹き込んだ情報が人権理事会で報告される情報のほとんどだと言っていいでしょう。そして、デービッド・ケイ氏の活動を見ると、どう考えても、日本のNGO「ヒューマンライツ・ナウ」と組んでやっているとしか思えません。

日本政府が、いくら事実関係の説明を行っても、デービッド・ケイ氏は受け入れませんでした。何かしらの魂胆がある、という疑惑などといったことではなく、彼らは「特定の魂胆」をもってやっているわけです。

◆「紛争を起こす」ことが国際機関の狙い!?

日本政府というよりも外務省の問題だと思いますが、人権問題に対する甘い見方は金輪際《こんりんざい》改めるべきだと私は思います。

《米国の白人至上主義者が運営するウェブサイトで「トランプもディープ・ステートの操り人形だった」という書き込みを見つけた。「ディープ・ステート」には「闇の国家」「国家内国家」という意味があり、トランプ大統領も今や闇の支配者に牛耳《ぎゅうじ》られているという批判だった》（産経新聞「ポトマック通信」２０１7年6月8日）

これは、産経新聞特派員の加納宏幸という方の報告記事です。ここで言われている「闇」、つまり表に出てきてない勢力というものは、やはりあるわけです。

その勢力が国際連合をつくりました。国際連合の前の国際連盟も、じつはそういう人たちがつくったのです。歴史を勉強すれば、すぐにわかることです。

なぜ国際連盟ができたのか、なぜ国際連合ができたのかということです。そういう国際機関が、じつは何をやってきたのかということを克明に見ていくと、現在の国連の持つ矛盾が見えてきますし、国連の隠れた「ミッション（作戦）」、あるいは「狙い」というものがわかってきます。

国際連盟をつくったグループと同じグループの出身者が、国連の目的を堂々と公言しています。その代表的な人物がズビグネフ・ブレジンスキーという政治学者です。彼はジミー・カーター政権のときの国家安全保障問題担当大統領補佐官です。

ブレジンスキーは、「国連はグローバリズムを推進する機関だ」と堂々と言っています。人権理事会も、まさにその通りで、世界のグローバル化に貢献するための機関なのです。

各国の人権改善ということが、表向きの、人権理事会のミッションということになっています。しかし、実際は、そうではありません。改善しなければならない国は、わんさかありますが、それらの国が取り上げられることはあまりありません。

アジアの人権理事会のメンバーを見ればわかる通り、２０１７年からメンバーになった中国、イラク、サウジアラビアの３カ国こそ率先して人権が改善されなければならない国です。しかし、そういう話にはなりません。

誤解を恐れずに言えば、人権理事会が行っているのは、「人権がまともに保護されている国を批判する」ということです。本当に人権問題のある国を批判することは、ほとんどありません。

これが国連の隠れた狙いです。「世の中に紛争を起こす」ということです。日本にも事実上、分裂・対立を起こさせようということなのです。

そういうことを目指していると言うとやや語弊《ごへい》があるかもしれません。しかし、いくら穏健に言ったとしても、結果としては、そうなっていると言わざるを得ません。

国際連盟時代もそうでしたが、国際的な機関というのは、必ず弱いほうの味方をします。すると結果的に、紛争は長引くことになるのです。

強いほうがいつも正しいと言うつもりはありません。しかし、国際機関であるならば、当然、公平中立でなければいけないはずです。しかし、国連はそうはしません。

なぜしないのかは、これまでの国連の歴史を見ればわかります。デービッド・ケイ氏も、日本での記者会見ではっきりと言っています。

デービッド・ケイ氏は、野党やマイノリティなどの「少数者を重視する」と言っています。つまり、最初から偏見をもって臨んでいるわけです。

◆「マイノリティ重視」こそ〝偏見〟である

では、このような偏見、つまり、野党やマイノリティを重視する偏見は、どこから出てくるものなのでしょうか。それは、前述しましたがフランクフルト学派の「批判理論」です。

私たちは、フランクフルト学派という言葉にあまりなじみがありません。ですから、フランクフルト学派が実際に何を狙っているのかについて、つい等閑視してしまうことになるのですが、じつは、とんでもないことになっているのです。

東北大学名誉教授の田中英道氏が、著書『日本人にリベラリズムは必要ない。——「リベラル」という破壊思想』（ＫＫベストセラーズ）の中で、「批判理論」について詳しく述べておられます。

「批判理論」とは、「伝統的な秩序を破壊する」ということです。存在している秩序をすべて破壊するための理論が「批判理論」です。今、国連がやっていることが、まさにそうなのです。

私たちは、今まで「国連信仰」を、強すぎるほど持っていました。国連は、世界平和のため、世界から貧困をなくすために活動していると思っていました。

しかし、そうではありません。特に、人権、人道といった社会分野を扱う国連の機関は、世界の秩序、つまり「既存の伝統秩序を破壊する活動」を行っているのです。それはなぜかと言えば、ブレジンスキーが言った通り、「国連は、世界をグローバルに統一するための機関」だからです。国連は、グローバリズムの推進機関なのです。

国連の隠された目的を私たちは知り、それに対応する必要があります。社会的な問題として各国各所で様々な紛争が生じているわけですが、その背景には、必ずフランクフルト学派がいると言っていいと、私は思います。

日本では、ヘイトスピーチ対策法ができました。男女共同参画、ジェンダーフリー、それから、ＬＧＢＴ、つまり性的少数者を保護するための法律ができる危険性もあります。

そのバックには、すべて同じ流れがあります。それは、ポリティカル・コレクトネスという綺麗事のもとに、私たちになかなか気づかれない形で推進されています。

しかし、一旦、彼らの戦略を見破ってしまえば、彼らはもう何もできないはずなのです。ここに、私たちの自衛の秘訣があるわけです。

◆見破ってしまえば瓦解する「批判理論」

「批判理論」は、見破ってしまいさえすればいいのです。彼らはいろいろな屁理屈をこねます。

私は、デービッド・ケイ氏を個人的には知りません。その出自がどうであるかなどの詮索はしません。しかし、少なくとも、デービット・ケイ氏がフランクフルト学派の信奉者であることは確かです。これは疑いのないところです。

そして、デービッド・ケイ氏と同時期に「テロ等準備罪法案」に言いがかりをつけてきた国連の特別報告者であるジョセフ・ケナタッチという人も同様です。

《プライバシーに関する国連特別報告者のジョセフ・ケナタッチ氏が日本政府に送った「テロ等準備罪」を新設する組織犯罪処罰法案に懸念を示す公開書簡に対しては、専門家から事実誤認があるとの指摘が上がっている。

「私の友人が、手綱《たづな》やくらなどの安全装置を使わずに馬に乗ろうとしているようなものだ。友人に落馬の危険があるということを伝える義務があると思った」

ケナタッチ氏は東京都内で9日に開かれた日本弁護士連合会のシンポジウムにインターネット中継で参加し、書簡を送った意図を明らかにした》（産経新聞2017年6月15日）

このジョセフ・ケナタッチという人も、明らかにフランクフルト学派の推進者であり、実践者です。私たちは、まず、そういう目で見なければいけません。

ケナタッチ氏は当然のことながら、この法案の条文など読んでいないはずです。そもそもこの法案は、正式には英語翻訳されていません。

彼は日本の弁護士会の幹部とコンタクトを取り、「手綱やくらなどの安全装置を使わずに馬に乗ろうとしているようなものだ」というコメントを、事実上引き出しているわけです。つまり、国際的な連携が行われているのです。

日本を貶《おとし》めるための国際的連携、日本の足を引っ張るための国際的連携が行われています。そういう勢力が、今、日本の国内外に堂々と存在しているわけです。

彼らは確信犯です。ケナタッチ氏はこんな「テロ等準備罪」の条文なんて読んだこともないでしょう。それから、国際ペンクラブ会長のジェニファー・クレメントという人も、いわゆる「共謀罪（テロ等準備罪）」の新設を批判していますが、これもまた同じことです。

国際ペンクラブの会長は、「言論の自由の弾圧がある」などと言っています。これもまた、法律の案文を読まずに批判しているわけです。とんでもないことだと私は思います。

これは、どういうことかと言うと、前述したように、日本の誰かが彼らにインプットしているということに他なりません。こんなことは子供でもわかることです。

彼らの戦略は、一旦見破ってしまえば、本当に子供じみた戦略であるということがわかります。そして、日本の一部の反日リベラルたち、あるいは自分はリベラルだと思っている人たちが、外国のそういう勢力にご執心して、媚《こび》を売っているわけです。

これが「戦争」でなくして、何でしょうか。日本の中に、そういう人たちがすでに侵入しています。その対策は、まず、そのからくりを見破り、自衛する以外にありません。

第二章

グローバリズムの落とし穴

日本再発見 その五

グローバル経済は「世界統一」を目指すイデオロギー

◆「世界統一」のために働いたロックフェラー

「グローバル経済を推進する勢力」とは何でしょうか。「軍産複合体」と呼ぶのが一番わかりやすいのですが、伝統的なアメリカのパワー・エリートの勢力がこれにあたります。

軍産複合体という言葉自体はもうアイゼンハワー大統領の時代（1953〜1961年）から使われています。その中身は結局、ウォール・ストリートの金融資本家です。それからアメリカの多国籍企業、そしてネオコン（ネオ・コンサバティブ。新保守主義／小さな政府、大幅な規制緩和、市場原理主義を重視する経済思想勢力）です。他にもありますが、ウォール・ストリートの金融資本家、多国籍企業、ネオコンの3つがグローバル経済の推進勢力であると認識しておけばよいと思います。

彼らは、自分たちがどのような世界観を持って世界に対応しているかということを、以前から公言しています。公にしているのにそれをメディアが取り上げずにきたために、私たちにはなじみがないだけです。

最も代表的なものとして、デイヴィッド・ロックフェラー（1915〜2017年）の回顧録（『ロックフェラー回顧録』楡井浩一訳　新潮社）があります。ロックフェラーは、その中で「自分は秘密結社に属している」とはっきり書いています。

ロックフェラーはまた、「世界の仲間と一緒に、世界統一のために働いてきている」とも書いています。「秘密結社」ということは、日本語として言葉が悪いので、なかなか正面から取り上げるのが難しいのですが、それが何であるかということは、今後少しずつ明らかになっていくだろうと期待しておりますし、明らかにならなければいけないことだと思います。

グローバリズムとは、ロックフェラーがいみじくも言った通り、「世界統一」のことです。こういうことを私たちは、もっとはっきりと声に出して言わなければいけません。そもそも世界統一は、はたして良いことでしょうか。読売新聞はそれが良いと言っています、産経新聞も同様です（リベラル系の新聞は言うまでもありません……）。日本だけでなく、世界中のメディアがそう言っているのです。

端的に言えば「世界は統一されたほうが良い」「ワンワールドが良い」と言っているわけですが、こういうことはテレビでも新聞でも、ストレートに表現してはいけないことになっています。

なぜかと言えば、それがバレると、彼らは自らの戦略を実践できないからです。そして、私たちがこういう話をすると、すぐに「陰謀論だ」という批判を受けることになります。

陰謀論だという批判には、注意すべきです。自分たちの陰謀を隠すために相手にラベルを貼るやり方が、「陰謀論だとして批判すること」の正体だからです。

陰謀論という批判は、かつて共産主義者が「反革命」や「反動」を対抗勢力批判のために使った（今でもまだ使う人がいます）、それと同じことなのです。

つまり、自分の本性を隠すための手段です。私は、たとえ陰謀論だと言われていようとも、この世界を動かしている人たちの動きという現実を、さらに客観的に、皆さんにお伝えしていきたいと思っています。

◆巨額損失が強調されるばかりの「東芝問題」

陰謀ということの具体的な一例は、次のような記事から見えてきます。

《「ＩＨＩ、ＷＨ株の売却検討　東芝に買い取り請求も」

ＩＨＩは１日、東芝の米原発子会社ウェスチングハウス・エレクトリック（ＷＨ）の株式の売却を検討していると明らかにした。東芝が２月中旬に公表する原子力事業の損失額などを見極めた上で対応を決める。

ＩＨＩは平成18年（２００６）に、約２００億円でＷＨ株の３％を取得した。出資を決めた際の契約で、東芝に買い取り請求できる権利を持っている。

望月幹夫取締役は1日の決算発表で、「減損が必要になった場合は、損失を打ち消す形での対策を打っていきたい」と述べた》（産経ニュース・ネット版　２０１7年2月1日）

ＩＨＩ（元：石川島播磨重工業）がウェスチングハウス株の売却を検討しており、東芝に買い取り請求するらしいという報道です。そして、他の報道では、日立がアメリカの子会社で行っている原発の燃料として使うウランの濃縮技術開発事業から撤退するということが出ています。

ＩＨＩと日立の話を伝えるこの記事は、非常に意味深いものがあります。依然として東芝問題は、事あるごとに巨額損失問題が強調されて伝えられています。しかし、東芝問題というのは、ひとつの「工作」です。

残念ながら、すべてのメディアは、東芝の不正会計のみを追及しています。その結果として、東芝の上場廃止、事実上の解体といった記事も当然、出てきます。

私はかねてより、東芝問題とは、ウェスチングハウス問題だと申し上げてきました。

これはつまり、原子力産業の問題なのです。

東芝は、2006年にウェスチングハウスを買収しました。その費用は、なんと6000億円です。基本的には、そのツケがずっと続いています。

そのツケというのは、単に6000億円の高い買い物をしたということだけではありません。今起きているのは、東芝からウェスチングハウスを引き離そうという動きです。ここを読まなければいけません。

東芝問題は、不正会計問題に、言わば、すり替えられています。そもそも報道されているような不正会計は不可能です。

もし、あのような不正会計ができるとすれば、監査法人とグルになる以外にありません。しかし、これは日本の会社だけでできるはずがありません。東芝の会計監査法人が、なぜこれを見逃したのか、合理的な説明ができません。これは明らかに陰謀です。

◇原子力産業から東芝を引き離すための陰謀

東芝問題は、原子力産業から東芝を引き離すための陰謀です。6000億円で買ったウェスチングハウスは、600億ぐらいの安値で買い戻されることになるでしょう。6

00億円で買い戻されるなら、まだいい方でしょう。

東芝問題は、そういう問題なのですが、これを日本のメディアが不正会計問題として扱い、陰謀勢力側と一緒になって東芝叩きをしているからまずいのです。

不正会計問題としてとらえた場合、常識的に考えれば、あのような不正はできません。しかし実際に起こったのだとするならば、むしろ、問題とすべきは東芝ではなく、監査法人のほうです。

ところが、監査法人は非難の対象になっていません。どうしてでしょうか。

こういうことを私たちは考える必要があります。IHIがウェスチングハウス株を売却するということは、東芝に買ってもらうということです。そして、これはただ同然になるでしょう。

東芝はウェスチングハウスを買収しました。日立はゼネラル・エレクトリックの原子力部門を買収しました（2007年）。日立は今、その見直しを迫られています。

全世界的に、日本の原子力産業が標的になっているということです。外国の企業を買収するということはもちろんいい場合もあります。しかし同時に、こういう危険があるわけです。

かつて、ロックフェラー・センターを買収した日本の不動産企業もありましたし、ハリウッドの映画企業を買収して問題になったこともあります。企業経営に対する基本的な哲学が違うわけですから当然でしょう。

東芝問題はこれからも尾を引くだろうと思います。決着がつくのは、東芝がウェスチングハウスを売却するときであると、私は断言しておきます。

日本再発見
その六

グローバリズムに対する錯覚と誤解

◇「日本経済は外需頼み」というミスリード

グローバリズムの罠の一つに、「日本経済は外需頼みだ」という〝誤解〟への誘導があります。「日本の経済成長は輸出に頼っている」というのは、大嘘です。ところが新聞は、こぞって、そう言います。

《「総裁任期9年に　胸を張れる経済はいつか」

自民党大会で総裁任期が連続「2期6年」から「3期9年」までに改正された。安倍晋三首相は最長で平成33年9月まで総裁を務められることになった。

当の首相は、やみくもに長くやることをよしとはしていないだろう。安定政権の強みを生かし、積み残された内外の諸懸案の解決に「大首相」としての力を発揮してほしい。

首相の肩に今も重くのしかかっているのは、いかに日本経済を本格的な成長軌道に乗せるかということにほかならない。

規制緩和や働き方改革など成長基盤の整備を急ぎ、あらためてアベノミクスの道筋をつけることは重大な責任だといえる》（産経新聞2017年3月8日）

産経新聞の社説の冒頭です。自民党の総裁任期が9年になったことに関連して、安倍首相の最も重要な政策は「いかに日本経済を本格的な成長軌道に乗せるかということにほかならない」としています。

それはいいとして、その後で「規制緩和や働き方改革など成長基盤の整備を急ぎ」云々と書いています。私が「嘘だな」と思うのは、ここです。「規制緩和」や「働き方改革」で経済成長は実現しません。これは私たちの思い込みでしかありません。

規制緩和は、もう今から20年ほど前からやっています。しかし、日本の経済は、悪くなりこそすれ、全然良くなっていません。

「働き方改革」ということで「プレミアムフライデー」を実施して、毎月末金曜日に社員を午後3時に帰しても、経済成長には結びつきません。目的は「消費を刺激する」ことにあるようですが、これは子供でもわかる話だと思いますが、仕事時間を短くすることが、経済が良くなることと、どう結びつくのでしょうか。

私は長時間労働がいいとは申しません。しかし、プレミアムフライデーで一般企業が毎月末金曜日は午後3時で終業するということは、かつて土曜日が半ドンだったという慣例を金曜日に載せ替えて、若干延長したというだけのことです。その分、労働時間は減ります。

そして、これで「消費を刺激する」ということであれば、それこそ居酒屋さんなどのサービス産業の人はこれによって仕事が増えるわけです。したがって、これは、一部の人が早く仕事を終え、その分、サービス産業にしわ寄せがいくというだけの話です。

このような片手間的な改革や政策で、日本の経済成長が達成されるはずがありません。本来は優秀な方々だとは思いますが、そんな日本の官僚がこういう発想しかできなくなっているのです。私は、日本の将来の経済発展を考えるうえで、ここが最大の問題ではないかと思います。

◆経済成長ははたして良いことなのか

そもそも、暗黙の前提となっている「経済成長は良いことだ」は、はたしてその通りなのでしょうか。

《佐伯氏（佐伯啓思《さえきけいし》／京都大名誉教授）は、グローバルな自由経済が先進国にとっては不利に働くようになったとし、「経済はグローバリズムで政治は主権国家。2つのシステムが折り合わなくなったことが、トランプ現象を生んだ」と指摘。トランプ米大統領の保護主義政策について「評判は悪いが、私は大きな方向が間違っているとは思わない」と話した。

日本についても「政府は競争ではなく共生に発想を転換すべきだ。そこそこ満足できる暮らしをどう設計するか。もうちょっと内向きにジャパン・ファーストでいくべきだ」と述べ、成長を前提にした経済政策は間違いだと強調した》（産経新聞２０１７年３月２日）

佐伯啓思さんが「トランプ大統領の登場とアベノミクスのゆくえ」というタイトルで講演を行いました。非常に注目すべきことを言っておられます。

「グローバルな自由経済が先進国にとっては不利に働くようになった」のは、私も日頃から申し上げている通り、当たり前のことです。しかし、これについては経済学者も十分に説明していません。

現在、グローバルな自由経済を自由貿易だと称しています。どういうことかと言えば、先進国が安い労働力を求めて世界各国に出ていくことが「グローバルな自由経済」とされています。

先進国の企業が、進出した途上国あるいは新興国で作った製品を、安く先進国に輸出し直すわけです。先進国で安い製品が手に入る状態を「自由貿易」だとしています。

このことを自由貿易だと言っている人も自分の頭で考えずにただそう言っているとしか思えませんが、これは、「(グローバル市場のもとでの)自由貿易」と、カッコ付きの注釈をつけるべき自由貿易です。「(グローバル市場のもとでの)自由貿易」は、じつは、新興国つまりレイバーコスト(人件費)が安い国にとって有利なのです。

ところが、私の年代の人たちが学んだ頃の経済学では、「自由貿易」は先進国にとって有利なものでした。先進国で優秀な製品を作り、途上国あるいは新興国に売る。優れた工業製品が入ってくれば、新興国は自国の経済がつぶれますから、高い関税で防止しようとする。

つまり、それが「保護主義」ということでした。現在は、「自由貿易」「保護主義」にまつわる状況が、先進国と途上国とでまったく逆転しているわけです。

自由貿易で潤っているのが途上国であり、新興国です。そういうわけで、アメリカでは今、トランプ大統領が輸入品に高い関税をかけると言っています。あるいは、外国に出ていく企業に対して税金を高くするなどと言っているわけです。

これは当たり前のことです。したがって、これには私も苦笑しましたが、中国の習近《しゅうきん》平《ぺい》総書記が2017年1月にスイスで開催されたダボス会議(世界経済フォーラム)に行き、「中国は自由貿易を擁護する」「保護主義には反対する」などという演説をするわけです。あべこべの世の中になってきています。

◇「競争」ではなく「共生」へ

佐伯啓思さんは、講演で非常に重要なことを言っておられます。「トランプ米大統領の保護主義政策について、評判は悪いが、私は大きな方向が間違っているとは思わない」。だから、「保護主義政策が正しい」「トランプは間違っていない」ということをはっきりと言っておられます。

私もまったく同感です。「日本についても、政府は競争ではなく共生に発想を転換すべきだ」。つまり、「ジャパン・ファーストでいくべきだ」。

「もうちょっと内向き」と言いますか、日本国民の利益を考える「ジャパン・ファーストでいくべきだ」というふうに述べておられます。そして、これは産経新聞の要約に過ぎませんが、最後に「成長を前提にした経済政策は間違いだ」と、佐伯さんは強調されたということです。

私が言いたいことを、すべて言ってくださっている感じがしました。経済成長を前提にした経済政策は間違いなのです。「働き方改革」も「規制緩和」も間違いです。

安倍総理というよりも、その取り巻きの官僚たちがやっている、そういった政策は間違いです。経済成長を目的とするのではなく、いかに国民が共生できるかということが重要です。

これこそトランプ大統領が、いわゆる彼流の保護主義的な政策で訴えていることに他なりません。アメリカ人の雇用を守るということです。

私たちも、日本政府には、日本人の雇用を守るという経済政策をとっていただきたい。外国人を入れて数字の上だけＧＤＰを増やす方法は間違っています。これをはっきりと、何度でも確認する必要があります。

残念ながら、今の日本政府の成長戦略は間違っています。間違っていると、誰かが言わなければいけません。第2、第3の佐伯啓思さんが出てきて、「闇雲な成長戦略は間違っているからやめろ」とはっきりと言う必要があります。

元来、日本の経済観、勤労観は「共生」です。皆がそれぞれの立場で、自分たちの役目を果たすことによって社会全体が潤う。それによって社会は調和することができ、社会全体で共生することができるという発想です。

その発想に立ち戻ればいいだけの話です。これが、じつは、日本の国際的経済力が強かった最大の理由です。それが今、グローバル市場で競争しようとしても、ダメなのは当たり前のことです。

グローバル市場で競争しようとしても、日本は勝てません。なぜかと言えば、グローバル市場での経営のキーポイントは、「コストを下げる」ということに他ならないからです。

雇う人間はできるだけ少なくする。そして、社員に払う給料はできるだけ少なくする――。グローバル市場で勝つためには、そうしなければいけません。

これは日本の経済観、経営哲学に最も反するやり方です。しかし、その、日本にそぐわないことを過去20年間、日本はおそらく当時のアメリカ政府から強制されてやってきたわけです。

なかでも最も悪名高い言葉が「株主資本主義」でしょう。株主資本主義では、日本経済は絶対に良くなりません。皆さんもその実例をいろいろご覧になっているはずです。日本を代表する企業だった東芝が窮地に立たされています。これにはいろいろ原因がありますと。前述しましたが、単純な経営判断の間違いではありません。

問題は、日本のメディアが一丸となって、間違った前提で情報を発信するところにあります。つまり、「日本経済は外需頼みだ」という間違った思い込みです。

◇日本のメディアはすべて親中!?

この思い込みは、意図的なものです。「中国に対する輸出が重要だ」ということをどうしても言いたいのです。

「中国をもっと大事にしろ」「中国の経済成長は重要なのだ」「日本経済の成長のためには中国がちゃんとやってくれることが重要だ」。だから、「中国を支援しろ」「日中関係を改善しなければならない」という論理になるわけです。それは、産経新聞であってさえ、そうなのです。日本のメディアは、すべて親中です。自民党の多くの議員もそうです。

《「中国の減速、日本にも影　6・5%成長目標、頼みの外需下押し」

中国の全国人民代表大会（全人代）で5日に示された2017年の成長率目標は「6・5%前後」にとどまり、中国経済の成長減速が容認される形となった。中国の消費や投資の低迷が進めば、対中輸出が製造業を中心に年13兆円に達する日本経済も打撃を受ける。足元で進む外需主導の日本の成長シナリオは、冷や水を浴びせられかねない。〈中略〉

財務省の貿易統計によると、15年度の対中輸出は13兆20億円に上り、対米輸出（15兆

935億円）に次ぐ第2位。最も多いのは、現地のスマートフォンメーカー向けなどの電子部品で9705億円だ》（産経ニュース・ネット版　2017年3月6日）

2017年3月5日の全国人民代表大会で李克強《りこくきょう》首相が演説中に、中国の今後の成長率として6・5％の目標を掲げました。これを産経新聞は「大変だ」としています。産経がなぜこういう言い方になるのかは、よくわかりません。

面白いのは、この記事をよく読むと、いかに日本経済が外需頼みではないかということが証明されている、ということです。2015年度の「対中輸出は13兆20億円」と書いてあります。日本のGDPから計算しますと、たったの2・6％。対中輸出で儲けたお金は、GDPの2・6％に過ぎません。

◇日本は明らかな〝内需主導〟の国

そんな状態の対中貿易、対中輸出が、どうして日本のGDPに大きな影響を与えることになるのでしょうか。極論すれば、対中輸出がゼロになってもGDPが2・6％下がるだけの話です。

これを「大変だ」と騒ぐのは、明らかに政治的なイデオロギーによります。ちなみに、日本の最大の貿易相手国はアメリカですが、それでも15兆円ちょっとに過ぎません。GDPの3％です。

つまり、日本は「内需主導の国」なのです。外需頼みなどではないのです。私の認識ではGDPの85％が内需です。このことを知っておくだけで、理解度が全然違ってきます。

中国はこれからもっと減速していくでしょう。2016年度に達成したとしている成長率6・7％も本当かどうかわかりません。今後の目標6・5％も達成できるとはとても思えません。

しかし、「さあ大変だ、日本も風邪をひく」などと考える必要は毛頭ないわけです。中国の主要輸出品は、日本から原材料を輸入して作っていますから、黙っていても中国は日本から輸入せざるを得ないのです。だから慌てることなく堂々としていればいいのです。

中国は、「日中関係が悪くなれば困るのは日本だ」と言いますが、それはハッタリです。日中関係が悪化して困るのは中国です。

しかし、このことを、ほとんどの経済評論家は言いません。産経新聞も、はっきりとは言いません。なぜ言えないのかと言えば、中国の、よく言えば「根回し」、悪く言えば「工作」がそれだけ進んでいるからです。

トランプ大統領は中国に対して、まずは経済的締めつけにかかっていますが、これはさらに進むでしょう。トランプ大統領は、「まともな経済」であるならば協力しようと言っているのです。

まともな経済というのはどういう意味でしょうか。それは「グローバル経済ではない」ということです。トランプ大統領が言っているのは「国民経済」です。もう一度、国民経済を取り戻すということです。

しかし、トランプ大統領にそれをやられると、とても困る勢力が存在します。今までグローバル経済で生きてきた人々です。アメリカのウォール・ストリート以下、日本の経団連も含みます。彼らはグローバル経済を前提として経済戦略を打ち立ててきましたし、今後も同様に計画しているからです。

したがって、当然、「トランプ批判」が起こります。「トランプ大統領は不透明だ」とよく聞きますが、どこが不透明なのでしょう。国民経済に戻ろうということを、トランプ大統領ははっきりと言っています。

国民経済とは、「国民のために経済運用をしましょう」ということです。トランプ流に言うと、日本の経済はこうなるべきだということになります。「現在、中国や東南アジアに拠点を持つ日本企業は、日本に戻ってきて日本人を雇用しなさい」。これのどこが悪いのでしょうか。

中国のレイバーコストも上がり、日本とそれほどの差はなくなりました。はっきり申し上げますが、中国に進出した企業は儲かっていないはずです。しかし、彼らは日本に帰りません。自由に送金できないといったことをはじめ、中国当局から様々な嫌がらせを受けるからです。

中国とは、そういう国です。それをどうして未だに、もてはやさなければならないのでしょうか。

◇欧米では「労働」は罰であり苦痛である

この隣国の経済の実態を、もう一度考え直さなければいけません。日本が本当の意味で「働き方改革」をするのであれば、まずは経済界の方々あるいは日本政府の多くの方々の対中国観を改める必要があります。そしてまた、グローバル経済観というものを改める必要があるのです。

なぜかといえば、グローバル経済という発想は、日本になじまないからです。「働き方改革」というものも、結局、失敗するでしょうし、そもそも中身が出てこないだろうと私は思います。

私たちの勤労観は欧米とはまったく異なっています。たびたび私は申し上げていますが、日本人にとって「働く」ということは、欧米のように「罰」でも「苦痛」でもないのです。

ところが、今の経営者の方々というのは、雇用の重要性ということを第一に考えなくなりました。短期で利潤を上げ、その利潤を株主に還元しなければならないからです。今の経営者の方々は、そういう体制、そういう圧力のもとにいます。

ですから、今生じている企業の不祥事は、こういった今までのアメリカ式経営のもとで生じてきている現象だと言うことができます。このことを押さえておく必要があるだろうと私は思います。

「働き方改革」の答えはただ一つです。「元来の日本的経営に戻る」ということです。つまり、「社員を大切にする経営、雇用を大切にする経営に戻る」ということです。

それが、佐伯啓思さんが主張された「共生を大切にする経済」です。「成長」よりも「共生」です。私たちにとって、これは難しいことではありません。もともと、私たち日本人は、そういう経営を行ってきました。

『古事記』の神代の昔から、日本の神々は高天原《たかまがはら》で労働をしておられました。稲作をし、蚕《かいこ》を飼っていました。

だから、私たちも農業をやり、養蚕をやり、工業化のもとでいろいろな工業製品を作るようになりました。つまり、日本において労働の根本は、神事なのです。「神様のお仕事」なのです。

それはなぜかと言えば、私たちが日本の神様の子孫であるからに他なりません。こういうことは、戦前の人々にとっては常識だったと私は思います。

しかし、戦後、私たちは、「個の確立」や「自我の確立」などといった言葉のもとで、「人間というのは皆、独《ひと》りぼっちだ」ということを教え込まれてきました。そうではないのです。

私たちの命は、太古の昔から繋がっている――。私たちの祖先は、そのことに気づいていました。労働というものは、神々に近づく、神々に出会う、そういう行為だったわけです。仕事に打ち込むということは、そのまま、自分の魂の向上に繋がっていくということでした。

この「労働観」「勤労観」に戻ればいいだけのことです。私たちはかつて確実にそういう勤労観を持っていましたから、ＤＮＡの中に残っています。戻ることは難しいことではありません。

日本再発見
その七

グローバル経済は拒否すべきもの

◇タカタの「エアバッグ問題」の本質

　タカタ株式会社が２０１７年６月26日に民事再生法の適用を申請し、話題になりました。

《「欠陥エアバッグのタカタ、民事再生法の適用を申請　製造業最大の経営破綻　負債1兆円超」

欠陥エアバッグのリコール（無料の回収・修理）問題で経営が悪化しているタカタは26日午前、東京地裁に民事再生法の適用を申請した。負債総額は最終的に1兆円を超える見通しで、製造業としては戦後最大の破綻。タカタは米国企業の支援を受けて事業を継続しながら再生手続きを進める。米国だけで少なくとも11人の死者を出した欠陥エアバッグ問題は、裁判所の管理下で処理が進むことになった》（産経ニュース・ネット版２０１７年６月26日）

　タカタは、エアバッグを中心に自動車用安全製品を製造販売してきた会社です。ホンダ、トヨタ、フォード、日産を取引先として、主力商品のエアバッグでは世界シェア20

％を占め、従業員数は５万人を超える大企業でした。２００８年頃からエアバッグに不具合が散見し始め、２０１６年時点でリコールの対象車は世界に一億台以上、その対応費用は一兆円に上るだろうとみられていました。

タカタの民事再生法申請には、私も「いよいよきたか」という感じがしました。タカタ問題については、ジャーナリストの髙山正之さんとの対談書『日本人が知らない洗脳支配の正体 日本を見習えば世界は生き残れる』（ビジネス社）でも触れていて、髙山さんが特に詳しく述べられています。

タカタのエアバック問題は、タカタという会社本来の技術が劣っていたために起きた問題ではありません。エアバッグ製品はメキシコの工場で作られていて、タカタの人間は関与していません。

タカタは、メキシコに工場は造ったのですが、その運営はアメリカ人に任せていました。ここが問題なわけです。

◇グローバル経済競争にそぐわない日本的経営

海外に進出するのは、悪いことではありません。海外の会社を買収して子会社にするというのもいいでしょう。

しかし、問題はやはり、海外に進出したり、買収したりしたその後の、子会社なりの経営です。ガバナンス（統治）について、どれだけ日本の本社が関与しているかということです。

ガバナンスを現地に任せてしまうと、タカタのようなことが十分に起こり得ます。タカタだけではなく、現在、倒産の危機にある東芝もそうです。ウェスチングハウスも、買収したのはいいけれど、アメリカ人に任せてしまったから、今のようなことになっているということができます。

2017年の春には、日本郵政がオーストラリアの物流会社「トール・ホールディングス」を買収した結果、巨額の減損を検討しなければならなくなったという出来事もありました。日本郵政の他にも、いろいろな企業が、同じようなことをやろうとしています。

これがグローバル経済の持つ落とし穴の大きな一例です。未だに日本のメディアは盛んに、「グローバル化はいいことだ、グローバル市場に打って出ろ」と言っています。打って出た結果が、タカタのケースであり、東芝のケースであり、日本郵政のケースです。

日本的経営方式に慣れた日本の経営陣に、グローバル市場で競争しろと言っても無理な相談です。無理というのは失礼かもしれませんが、私は無理だと思っています。グローバル市場では、雇用、つまり従業員というものは単なるコマにすぎません。それに徹することができなければ、なかなかグローバル市場ではやっていけません。

従業員を単なるコマと考えることは、日本の本来の経営者には無理です。皆さんもご存知の通り、日本企業は、やはり雇用というものを大切にしてきました。

従業員を大切にするのが、日本企業の日本企業たる所以《ゆえん》でした。しかしグローバル経済の社会では、雇用を守るということは、重要課題ではなくなってきているわけです。むしろ逆だと言うことができます。グローバル経済では、いかにコストを下げるかが競争です。

経済学者や評論家が言わなくても、常識的にわかる通り、コストを下げる一番いい方法はレイバーコストを下げること、つまり従業員の賃金を下げることです。これがグローバル経済下での競争の本質です。

私たち日本人の企業のやり方には合うはずがないのです。

◇「良い製品」ということを二の次にする構造的欠陥

髙山正之さんとの対談では、三菱重工の小型ジェット旅客機の問題について触れました。納入の延期が続いているのです。

なぜうまくいかないかと言うと、答えは簡単です。外国の部品を使っているからです。特に、アメリカの部品を使っていることが問題です。

アメリカの部品すべてが、質が悪いとは申しません。しかし、航空機として世界で運行するためにはアメリカ政府から「型式承認」を得る必要がありますが、「航空機としての承認を得るためにアメリカの部品を使っています、と言えば通りがいいだろう」といった甘い考えでそれを使っていたとしたら、それこそがMRJ（三菱リージョナルジェット）の今の問題です。MRJがなかなかテイクオフできない問題の根源です。

堂々と日本製品を使えばいいし、使うべきだと私は思います。日本製品を優先しろというのではなく、ベストの部品を使うべきだということです。

ところが、グローバル経済では、部品の質以外の要素を考慮して部品を選択することが日常行われています。前述したタカタ問題は、タカタ本来の部品ではなくメキシコの子会社で作られた部品が問題を起こしました。

この姿勢は、うまくいく場合もありますが、そうではない場合のほうが多いのです。結局、タカタは倒産まで追い込まれました。

三菱重工の場合も、外国製部品を使ったという問題をどう解決するかにかかっています。日本のメディアがまったく報じない観点ですが、私たちはそこを知っておく必要があります。

「外国に通りがよい」という理由だけで外国製部品を使うのは、是非やめていただきたい。とにかく一番いい製品を使うべきだということを、日本の企業の経営者に対して、私は強調しておきたいと思います。

第三章

トランプ大統領VS.
リベラル・メディア

日本再発見
その八

トランプ大統領に期待するアメリカ庶民

◆「トランプ一色」になるわけではないアメリカの政策

今後、世界がどうなるか――、そのポイントのひとつは、もちろんアメリカの動向です。というよりも、トランプ大統領の動向でしょう。ただし、これは、トランプ大統領の政権運営が予測不可能であるという意味で申し上げているのではありません。

反トランプ陣営が、依然として執拗にトランプ攻撃を続けているということに対して私は懸念しているのです。アメリカのメディア、ヨーロッパのメディア、当然、日本のメディアもそうですが世界のメディアは相変わらず、「困った、困った」とばかり言っています。

メディアは、何に困っているのでしょうか。グローバリズムの波が止まるのではないか、という「困った」です。しかし、前章でも申し上げてきた通り、これは決して困ることでも何でもありません。

トランプ大統領の登場で、ひとまずグローバリズムの波が止まりつつあるという現象が現れてきたことは、私たちにとってはむしろ非常に歓迎すべきことです。しかし、依然としてメディアを中心に、日本の保守的とされる知識人ですら「困る」と言っています。

２０１６年11月に、私は『２０１７年 世界最終戦争の正体』（宝島社）を出しました。この本に書いたことが、ますます本当のことになっていく危険性があります。

つまり、アメリカ大統領選でトランプが勝ったからといって、アメリカ政府の政策がトランプ一色になるわけではないということです。むしろ、そうはさせないという勢力が、依然として強く存在し、トランプ大統領がかなり追い詰められている可能性があるということです。

２０１６年末に起こったロシアのハッキング事件（アメリカ大統領選挙で、トランプ候補勝利のためにロシアがサイバー攻撃などを行ったとされる選挙干渉）も、トランプを追い詰めることが目的です。アメリカの伝統的なパワー・エリート、エスタブリッシュメント（既存体制）の策略の一環だと私は思います。

ロシアとの関係を改善させないために、外堀を埋めているわけです。ハッキング自体、アメリカ自身が得意とするテクニックですし、中国もまたやりますが、たとえロシアがやったとしても、何も大騒ぎするような話ではありません。

ロシアが米大統領選挙に介入したと言っていますが、アメリカはすでに世界の多くの選挙に介入してきたのです。自分のことを棚に上げて、「けしからん。アメリカ民主主義に対する挑戦だ」などと言うのは、議論のすり替えでしかありません。

2016年に、オバマ政権はロシア政府がサイバー攻撃を仕掛けたということで、35人ものアメリカ駐在のロシア外交官を、ロシアの情報部員ということで追放しました。

こういう場合には相手国も、それと同等の反応をするというのが外交の常です。ロシアも同じことをやるのだろうと、私も単純に考えておりましたが、ウラジーミル・プーチン大統領は一枚上手でした。

プーチンは、このことに対する反撃はしませんでした。これひとつをとってみても、プーチンは非常に練れた政治家です。トランプ大統領が就任した後で、ロシア大使館員の追放解除をやりやすくするための布石を打ったということなのです。

プーチンを追い詰めるということは、トランプを追い詰めるということです。私はあえて「工作」と申し上げますが、工作が依然として行われています。アメリカの伝統的なパワー・エリート、エスタブリッシュメント、はっきり言えばヒラリー・クリントンを支持した勢力が、トランプの政権運営を妨害すべく策を練っているという状況は、依然として続いています。

◇核心的利益に権限を持たない米大統領

たびたび私は申し上げてきましたが、アメリカにおいては、政権、あるいは大統領が政策を決めているのではありません。ここ数年のみならず、わかりやすく言えば東西冷戦終了後のアメリカの国際干渉主義政策が、父親のブッシュ政権（１９８９～１９９３年）からオバマ政権（２００９～２０１７年）まで一貫していることを見ればわかります。背後にいるパワー・エリート、同じ発想の人たちが歴代のアメリカの大統領を牛耳ってきたということです。

もちろん大統領として何らかの特色を出すことはあります。しかし、中国の言葉をここで使えば、「核心的利益」に関することは大統領といえども権限がありません。この事実を知るだけでも、現在の国際情勢を見る目が違ってきます。質的に、複眼的に、国際情勢を見る目が高まります。

例えば、非常に心配していたのですが、大統領選では、２０１６年12月19日の選挙人投票がなんとか無事に済んだ後、ロシアのハッキング事件が出てくるというように工作が続きました。就任式も安心できるものではありませんでした。歴史上、アメリカ大統領はすでに４人が暗殺されています。暗殺未遂は少なくとも２人いて、一番最近の暗殺未遂はロナルド・レーガン大統領です。

それらの原因はすべて、当時のキングメーカーたちの利害と対立したことにあります。私たちは、他国のことといえどもこういうことを知り、アメリカの政策を見ていく必要があります。

新聞やテレビの報道も、それを知ったうえで報道するのと、ただ単にグローバリスト的な発想から報道するのとでは、内容がまったく違ってきます。そういう意味で、私は、世界を良くする鍵を握っているひとつはメディアであると思います。だからこそメディアには、メディア自身の反省を今まで以上に期待したいと思っているのです。

しかし、私たちが期待するだけでは、メディアの自浄作用は覚束《おぼつか》ないでしょう。メディアの顧客である私たちが、正当な不信感、問題点について声を上げる、態度で示すということが必要です。

メディアがなぜ自浄できないかと言えば、彼ら自身が既得権益化しているからです。そんなメディアが、規制緩和を訴え、既得権益の独占はけしからん、などという報道をする。「自分のことは棚に上げないと何も言えない」ということが前提となってしまっているメディアですが、早く本来の使命というものに目覚めていただきたいと願うばかりです。

◆就任演説の最重要部分を無視した日本のメディア

２０１７年1月20日にトランプ大統領の就任式が行われました。あらためて、トランプ大統領の就任演説、そのメッセージが何であったのかということを考えていきたいと思います。私はこの実況中継をＣＮＮで見ていました。

私は、翌日、翌々日の新聞とテレビ報道を見て、たいへん驚きました。日本のメディアがいかに優秀かということをあらためて悟りました。

もちろん皮肉です。何が優秀か。日本のメディアは、トランプ大統領の演説の一番重要なところを無視していました。これは優秀でないとできません。

トランプ大統領の演説の一番重要なところとは何か。はっきり申し上げたいと思いますが、どのメディアの報道、言論人、知識人の解説よりも、次に掲げる曽野綾子さんの記事が遥かに優れているということです。

《この原稿を書いているのは、アメリカ大統領就任式まで40時間を切ったという段階である。一日本人としての私には、アメリカと民主主義の現実を学ぶ面白い機会だし、作家としては、ハリウッドも真っ青だろうと思われる個性と社会との闘いの展開に目を奪われている。
民主主義の歴史の長いアメリカにしてもこの程度なのだから、主義というものは、「ほとんど決して」人間の血肉とはならないのだろう、という気がする。一人の反トランプのアメリカの女性は、「大統領は国民の希望を叶えるべきよ」という意味のことをテレビの画面で言っていたが、この場面だけでも、51％の人が選んだ体制の陰では、49％の人が泣くのが民主主義の基本なのだ、ということさえ学んでいない庶民がまだアメリカにはたくさんいる、ということがわかる。だから国民が選んだ大統領の就任を認めないとするルール無視の議員も出るのである》（産経新聞２０１7年1月22日「小さな親切、大きなお世話」米大統領選という教材）
《はたして、と言っていいのかどうか、日本のほとんどすべてのマスコミ、ワシントン特派員は、反トランプデモ、抗議の欠席が目立った、アメリカの理想の喪失、という形の報道に力を注いだ。新大統領のトランプの言葉の中にあったまっとうさについては、（それが退屈なものだというのなら別だが）ほとんど触れなかった。
ＣＮＮの同時通訳は手元に日本語の聖書さえも用意していなかったので、トランプのスピーチの聖書の引用の部分も訳すことができず、黙っていた。その沈黙の部分でトランプは旧約の詩編の１３３・１にある、「見よ、兄弟が共に座っている。なんという恵み、なんという喜び」という箇所を引いたのである。素朴な人間の基本的な幸福感を示した私も好きな情景である》（産経新聞２０１７年1月25日「透明な歳月の光」演説の中の意外なまっとうさ）

大統領就任式が行われる直前と、ご覧になった後のエッセイです。大統領就任式は、アメリカ民主主義の原点に想いを致す儀式です。それを、トランプ大統領の就任式というメガネだけで見れば、日本のメディアのような報道ぶりになります。

主役はもちろんトランプ大統領ですが、単にトランプ大統領の就任を祝うという式典だけではない。「新しい大統領」の誕生を祝うということであり、前大統領の治世から新大統領の治世に移るという区切りの儀式です。

ですから、トランプに投票しなかった人も、あの儀式には出席します。日本のメディアはトランプ支持者だけが集まったような報道ぶりですが、そうではありません。

◆就任式を欠席した政治家に議員資格はない

就任式に集まったのは、アメリカ政治の原点を確かめに来た人たちです。私も就任式を一部始終、最初から最後まで見ましたが、胸にジンと来るものがありました。大統領の治世が移るということは、ホワイトハウスでオバマとトランプがただ握手しただけでは移りません。あのような伝統の儀式があって、大統領が代わったということが、初めてアメリカ国民の腑《ふ》に落ちるわけです。

議事堂前に集まった人もテレビで見た人も、大統領の交代ということを体で感じます。だから、儀式は重要なのです。この儀式がなければ、アメリカの政権交代はスムーズには行われません。

民主党の議員が60人あるいは70人欠席したとか言われますが、そういう人には議員の資格はありません。気に入らない人が大統領になったからといって、アメリカ政治の原点の儀式を欠席するということは、つまり、自分自身はアメリカ政治の伝統を受け継いでいないということになります。

そういうことをメディアは報じなければいけません。しかし、日本のメディアは優秀ですから報じません。60人も欠席したということは、「いかにトランプがひどい大統領であるかということの証《あかし》である」というトーンで報じていました。

日本のメディアの、悪意ある捏造《ねつぞう》も私は感じました。名誉のために名前は出しませんが、あるテレビ局は、写真をわざわざ用意しました。就任式に集まった群衆を写した写真です。

その写真が嘘だとは言いません。しかし、その写真には問題がありました。人があまり集まっていない写真をわざわざ示し、オバマ大統領の就任式と比べてこれだけしか集まらなかったという嘘を報道したわけです。

その写真は、就任式が始まる数時間前の写真でした。そうしておいて、「アメリカ人が集まらなかった」と言って喜んでいる。非常に優秀なテレビ局です。

これは大きな問題にされて然《しか》るべきでした。私は、現にCNNの実況を見ていたので知っていますが、就任式が始まったとき、会場はほぼ聴衆で埋まっていました。

メディアはこういう歪曲《わいきょく》報道を意図的に行います。テレビ局も新聞も、ほとんどすべてのメディアが同じトーンで報道していました。こういうふうに、すべてのメディアが同じトーンで報道することは危険です。

こういうことは過去にもありました。例えば、今から40年ほど前、田中角栄首相が叩かれました。最近ではSTAP細胞の件で小保方晴子《おぼかたはるこ》さんという女性が犠牲になりました。あれは明らかに「魔女狩り」です。

トランプに関する報道も、魔女狩りです。メディアは、あらゆることを取り上げて、トランプの非難ばかりをやる。

日本のメディアには「統一ライン」というものがあります。日本のメディアは残念ながら独立していません。日本の政治に対していろいろコメントをするのはまだわかりますが、仮にもアメリカの大統領を茶化していいのでしょうか。

なぜこういうことが「恐れを知らずにできるのか」ということを、私たちは考えてみなければいけません。習近平に対しては、このようなことはまったくやりません。そういうことを私たちは考える必要があります。

統一した意志が働いているということです。私は、これは「第2のウォーターゲート事件」だと思います。

トランプ大統領は、感覚が鋭いようです。メディアを集中して攻撃しているのはそのためです。「ウォーターゲート事件」（※2）もメディアの捏造報道から始まりました。

ウォーターゲート事件は、予定通りチャード・ニクソン大統領を引きずり下ろして終わりました。今回も同じことが進行中です。これはもう戦争状態だと私は思います。

◇「自国第一主義」は当たり前

トランプ大統領の就任演説については、日本のメディアを見ていただけではわかりません。メディアは、トランプは大衆迎合主義だとばかり報道していました。

前掲のエッセイの中で、曽野綾子さんは明らかに正しいことを言っておられます。曽野綾子さんが正しいことを言えて、なぜ各新聞の論説員はそれが言えないのでしょうか。論説員の方々がそんなにひどい人ばかりとは思いません。彼らは報道できないのだと思います。

曽野綾子さんはエッセイの中で、式場の様子についても触れられています。

《日本のメディアは、トランプをボイコットするために欠席する人がいて空席が目立った、と報じていたが、テレビに映った限りでは、近距離のショットから遠景まで、一応人で埋まっていた》

曽野綾子さんも実際にテレビでご覧になり、私も見ました。この通りです。メディア

※2　**ウォーターゲート事件**……1972年に、ニクソン再選を図るアメリカ共和党の大統領再選支持派が、ウォーターゲート・ビル内にある民主党全国委員会本部事務所に盗聴器をしかけようとした事件。1974年、ニクソン大統領は引責辞任した。

は嘘をついていました。私たちは、こういった嘘は糾弾《きゅうだん》しなければいけません。

また、曽野綾子さんは、式典に来た人の話も拾っておられます。

《「私はトランプに入れませんでした。しかし、アメリカ大統領の就任式ですから見たいと思いました」「民主的選挙によって選ばれた大統領の就任式に議員でありながら来ない人は汚点を残した」》

その通りです。式典をボイコットした議員は民主主義そのもの、アメリカの建国の精神そのものを否定したことになります。議員をやる資格はありません。

続いて曽野綾子さんは、私が考えたことと同じことを指摘されており、私も意を強くしました。

《新大統領のトランプの就任式の言葉の中にあったまっとうさについては、（メディアは）ほとんど触れなかった》

ほとんどどころか、全然触れなかったと言ってもいいでしょう。

他にも曽野綾子さんは非常に重要なことを言っておられました。

《マスコミは今後トランプを悪人として扱うことに決めたようにも見える》

ただし、ここは「今後」ではありません。すでに大統領に当選する前から、予備選挙を戦っているときから、メディアはトランプを悪人として扱うことに決めていました。

そのラインを今も続けているわけです。

日本のマスコミはアメリカのマスコミに従っています。だから、他国の大統領を平気でけなしたり、揶揄《やゆ》することができるのです。私は、日本のメディアの道徳的な劣化を憂います。

トランプ大統領は、就任演説で、「アメリカ第一主義」を言いました。しかし、メディアは、最も重要な次のメッセージを無視しました。日本も含めて「各国もまた自国ファーストでやりなさい」とトランプは言ったのです。

「私たちは、世界の国々との間に、友好関係を求めます」とトランプは言いました。しかし、その前提には「すべての国は自国の利益を優先する権利がある」という認識があります。

すべての国が「自国ファースト」であるという前提のもとに、アメリカはアメリカ・ファーストでやる。そして、アメリカは自分のやり方を世界に押しつけない。ということは、「どの国も自分のやり方を他国に押しつけるな」とトランプは言っているわけです。

トランプは、それでこそ世界が良くなると言いました。その通りだと私は思います。

今までアメリカは、世界にアメリカ的価値を押しつけてきました。これが日本の新聞が「普遍的価値」と呼んでいるものの正体です。

日本再発見
その九

北朝鮮は
アメリカが生み、育てた——

◇なぜ北朝鮮は存在しているのか

北朝鮮問題が我が国にとって喫緊《きっきん》の課題となっていますが、そもそもなぜ北朝鮮は存在しているのでしょうか。国際社会の意向に反して核開発を行っている北朝鮮を、どうしてアメリカは叩かずにいるのでしょうか（2017年9月現在）。かつてイラクを攻撃してフセインを抹殺したように、リビアでカダフィを殺したようにしないのでしょうか。

北朝鮮は、異常国家あるいは暴力国家と称され、「rogue state」（またはrogue nation／ならずもの国家）とも呼ばれます。しかし、今も存在し続けている、その理由はいったい何なのでしょうか。

ある識者のコメントによれば、今の北朝鮮の金正恩《キムジョンウン》はアメリカに体制の保障を求めており、そのために核実験もやり、ミサイル発射もするとのことです。はたしてそうでしょうか。

そうではありません。常識を働かせればわかることです。そのような「ならずもの国家」が存在しているということは、何を隠そう、アメリカ自身が存在させているということです。

1994年、アメリカと北朝鮮（当時は金日成《キムイルソン》主席）の間に核問題を中心に「米朝枠組み合意」が交わされました。これは、事実上、アメリカが北朝鮮の核を認めたということです。

この合意に関連して、日本はお金も出させられました。軽水炉という原子炉を造るということで出しています。「ならずもの国家」を存在させるために、アメリカが音頭《おんど》を取ったのです。

そういうことを今、皆、忘れてしまっています。少なくともトランプ大統領までのアメリカは北朝鮮の存在と存続を認め、体制を保障してきたのです。これが朝鮮半島の最大の謎です。

謎ですが現実です。非常に「不都合な真実」です。メディアあるいは北朝鮮問題・韓国問題を評論してメディアに出ている人にとっては、特に不都合な事実です。トランプ以前のアメリカの政権が北朝鮮の存続を認めてきたということが明らかにされれば、そういった朝鮮半島ウォッチャーが今まで言ってきたことが、お気の毒なことに「全部嘘」だとバレてしまいます。

イラクのフセイン大統領は、核兵器を持っていないのに、ＣＩＡが勝手に流した情報のみを根拠に、アメリカに軍事攻撃されました。北朝鮮は、実際に核実験を行っています。

なぜアメリカは北朝鮮を軍事攻撃しないのでしょうか。これは、簡単に説明しきれるものではありません。「そんなことをすると中国と戦争になるからだ」などと（私に言わせればバカなことを）言う人もいます。

しかし、イラクのときにはどの国とも戦争にはなりませんでした。アメリカには誰も歯向かえなかったということです。

北朝鮮に、現在伝えられているような体制というものがあるとすれば、それは、アメリカにとっては使い勝手があるのです。だからアメリカは北朝鮮を温存し、アメリカのアジア政策のために、むしろ適宜利用してきました。これは常識の範疇《はんちゅう》の話です。

ＣＩＡが出てくるような、秘密情報がどうのこうのというような話ではありません。常識的に考えて、北朝鮮がいわゆる凶暴な国家であるならば、今まで存続して来たほうが不思議です。

これまでアメリカは、北朝鮮よりもずっとまともな国もつぶしてきました。北朝鮮が存続しているという事実が、今の東アジア情勢の真実を語っています。

◆金正男「容疑者」と表記しない日本のメディア

２０１７年２月に金正恩の兄、金正男《キムジョンナム》が暗殺されました。私は、「キン・マサオ」と発音します。

北朝鮮は日本人を、日本語の発音通りには読みません。かつて中曽根康弘内閣のときに日本と韓国との間で、名前はお互いの国の言い方で言いましょう、と一応決めたことがあります。しかし、韓国は守っていません。未だに天皇のことを「日王」などと呼んでいます。

ですから、韓国人に対しても同様に（例えば、元大統領・朴槿恵を）「パク・クネ」なとど言う必要はないと思います。「ボク・なんとか」という言い方で全然かまわない。ましてや北朝鮮の独裁者に対して「キム・ジョンウン」とかなんとか、舌を噛むような言い方をする必要はありません。ですから、「金正男」は「キン・マサオ」と言っておけばいいのだと思います。

そういう意見を言うことすら、今のメディアでは憚《はばか》れます。このメディアの異常な雰囲気はいったい誰がつくったものなのかということが問題です。北朝鮮報道を突き詰めていくと、メディアの矛盾、偏向に行き着きます。

恐ろしいことが身に降りかかるので、メディアは報道したくないのだ。私はそう思います。地上波や主要紙の北朝鮮報道には、明確な限界があるのでしょう。

メディアの報道だけでは真実には触れられません。では、どうしたらいいかというと、報道の「行間」を読むということになります。

《北朝鮮の金正男氏暗殺事件をめぐり、マレーシアは、駐北朝鮮大使を召還した。

北朝鮮側の事件対応への抗議のためだ。外国の主権を一顧《いっこ》だにしない陰惨な要人暗殺事件は、北朝鮮政権の主導によるとみられている。当然の対応だろう。

マレーシアの警察当局は国際刑事警察機構（ＩＣＰＯ）の協力をあおぎ、真相の解明に乗り出している。

日本を含む関係各国も捜査に全面的に協力し、「事実」を北朝鮮に突きつけてほしい》（産経ニュース・ネット版　２０１７年2月21日「主張」金正男氏暗殺「北」に事実を突きつけろ）

「金正男氏」と書いてあります。私はいつも「氏」はいらないと言っています。なぜなら、彼は日本にとっては偽造旅券で不法入国した犯罪者だからです。暗殺されたという記事であっても、「金正男容疑者」としなければいけません。「北朝鮮に事実を突きつけろ」などという悲しい活字が躍るのは残念です。日本で唯一しっかりとした新聞だと言える産経新聞ですら、こういうことしか書けません。「マレーシアが北朝鮮大使を召還したのは抗議のためだ」と書いてあるのはともかくとして、続く本文に「外国の主権を一顧だにしない陰惨な要人暗殺事件」と書いてあるのは問題です。

こんなことを今さら、これほど感情的な言葉で言う必要はありません。暗殺事件とはそもそも、「外国の主権を一顧だにしないこと」です。そうでなければ、外国における要人暗殺事件は成立しません。

◆外交官用旅券を持っていた金正男

今まで、多くの国が、外国で、自国に都合の悪い人を暗殺してきています。その場合の日本の報道で、このような感情的な言い方に、少なくとも私はお目にかかったことがありません。そして、この社説ひとつをとっても、いよいよ疑問が明確になってきます。

《駐マレーシアの北朝鮮大使は死亡男性が外交官用旅券を所持し、北朝鮮の保護下にある国民だとして、司法解剖に抗議し、遺体の引き渡しを求めた。この問題を国際法廷に訴えるとも述べた。

金正男氏は死亡時「キム・チョル」名義の旅券を所持しており、北朝鮮がこれを真正旅券と認めるなら、国家として偽名旅券を付与していたことになる。国際法廷に訴えるなら、訴えればいい》（前掲ネット版）

こんなことは、今さら持ち出すような話ではありません。金正男は、日本にも偽名旅券で来ています。何を今さらという感じがしますが、しかし、ここで「おかしい」と思わなければいけない点があります。

その金正男なる人物は、なぜ北朝鮮の「外交官用旅券」を持っていたのでしょうか。「外交官用旅券」を持っているということは、北朝鮮当局が金正男を保護しているということです。

私も外交官でしたから外交官用旅券を持って旅行しました。外交官用旅券の保持者に対しては、各国の政府は、その活動を十分に尊重して身体保護をしなければならないことになっています。

つまり、干渉してはいけない。それが外交官用旅券です。そんな旅券を、どうして当局が気に入らない金正男に対して出す必要があるのでしょうか。しかも偽名による発行です。

金正男暗殺事件は実に不思議な事件です。メディアはその責任として、外交官用旅券を持っていたことを報じるだけではダメです。「外交官用旅券を持っているのはおかしいではないか」ということから始めなければいけません。

しかし、そういうことは一切言及されていません。日本のメディアの報道は、非常に表面的なものに留まっているとしか言いようがありません。

＊

金正男暗殺事件の最大の問題は、アメリカが何を考えているか、ということです。中国ではありません。

金正男暗殺事件については、中国の関与に関心が集まりました。中国が金正男容疑者を保護し、将来は中国的な改革・解放を北朝鮮に導入するためのコマとして温存していたが、不要になったので暗殺したのではないかという論評です。

そういう物語も成り立つのかもしれません。しかし暗殺現場の様子からするとこれはどうも眉唾モノです。識者が勝手に想像しているだけのことでしょう。

北朝鮮で何が起こっているか。北朝鮮と韓国とどちらが早く崩壊するかはいい勝負だと私は思っていますが、それはともかくとして、朝鮮半島問題を理解するときに、識者もメディアも、すっぽり抜け落ちている視点、誰も言及しない視点がもうひとつありま す。それは「朝鮮戦争」です。

この朝鮮戦争については、次節で、詳しく説明したいと思います。

日本再発見
その十

「朝鮮戦争」とは何だったのか

◆米ソの「ヤラセ」だった朝鮮戦争

朝鮮戦争の真実を、今はもう誰も語りません。ところが、今の朝鮮半島情勢をもたらした元凶は「朝鮮戦争」（1950〜1953年）です。

朝鮮戦争はなぜ起こったかということを、まずもう一度考えてみる必要があります。朝鮮戦争は米ソの「ヤラセ」です。それは当時のアメリカおよびソ連の要人の発言や行動を見れば明確にわかります。

明確にわかるのに、メディアは一切言いません。メディアも彼らと組んでいたからです。私は、今も組んでいるのだと思います。簡単に言えば、メディアは、朝鮮戦争を背後から牛耳った勢力の「世界戦略の代理人」です。

そこまで決めつけて言うのは、日本の真面目なメディアの方には申し訳ないと思いますが、メディアのトップ（上層部）は明らかに組んでいます。支配下と言えばおおげさですが、少なくともその影響下にアメリカのメディアはあります。したがって、アメリカのメディアを牛耳る人々がどういう戦略でいるかということに、日本のメディアも影響されているのです。

朝鮮戦争は偶発したのではありません。アメリカが故意に起こしたのです。当時のアメリカのディーン・アチソン国務長官の有名な演説があります。演説が行われたのは1950年の年頭ですから、すでに朝鮮は北と南に分かれていました。

アチソン国務長官は、「南朝鮮（現在の韓国）は、アメリカの防衛線の外だ」と言いました。つまり、「アメリカは韓国を防衛しない」と言ったわけです。

金日成は当然、「韓国に攻め込んでもアメリカは反応しない。アメリカはこれを認める」と受け取ります。

これは、湾岸戦争（1991年）で、サダム・フセインが「アメリカはイラクとクウェートとの国境問題には関心がない」という言質《げんち》を与えられて、クウェートに侵攻したのと同じパターンです。サダム・フセインは、誤解したというより、アメリカに騙されたのです。

さて、金日成は、怒涛《どとう》のごとく南朝鮮に攻め込みました。そして、あっという間に釜《プ》山《サン》まで行ってしまったのです。

そこでアメリカはどうしたか。介入したのはアメリカ軍ではありませんでした。なんと国連軍が介入したのです。

このことを誰も疑問に思いません。なぜ国連軍だったのでしょうか。

朝鮮戦争に介入したのがなぜ国連軍だったのかを理解することが、戦後の東西冷戦がじつは八百長《やおちょう》だったということを理解することに繋がります。これは誰も教えてくれません。歴史学者も政治学者も、一切そういうことは言いません。

それを言えば、東西冷戦でアメリカがどうだ、ソ連がどうだと、彼らが一生懸命積み重ねてきた議論や研究が全部崩れます。別に彼らを失職させるのが私の目的ではありませんが、「東西冷戦は八百長」です。

◆勝たせてもらえなかったマッカーサー

国連軍の編成は、安全保障理事会の常任理事国が一国でも反対すれば実施することはできません。当時の常任理事国5カ国の中にはソ連が入っていました。では、ソ連はなぜ反対しなかったのでしょうか。

ソ連の同盟国たる北朝鮮を叩くための国連軍編成の決議です。それにソ連は反対しませんでした。このことを誰も説明してくれません。もちろん教科書にも出ていません。

答えは簡単です。ソ連が安保理会合に欠席したからです。ヨシフ・スターリンがソ連の国連代表に命令し、「ソ連は出るな」と言ったのです。

これは陰謀論でもなんでもありません。アンドレイ・グロムイコという、ソ連の外務大臣を長く勤めていた人物の回顧録（『グロムイコ回想録――ソ連外交秘史』）に、はっきりと書いてあります。読んでいる人は多いと思いますが、新聞はそれを活字にしません。テレビもこの問題を解説しないのです。

スターリンが、「ソ連の代表は安全保障理事会を欠席しろ」と命令したのは、なぜでしょうか。国連軍を編成させるためです。

あまりにも明確です。しかし、戦後の歴史家は、それを言ってはいけないことになっています。

そういう経緯があって、国連軍はできました。国連軍の司令官は、あのダグラス・マッカーサーでした。GHQの総司令官です。

マッカーサーが国連軍を指揮し、朝鮮半島で戦いましたが、マッカーサーは途中で解任されました。いったい何があったのでしょうか。

「マッカーサーは朝鮮戦争で勝とうとした」からです。勝ってはいけなかった。これが朝鮮戦争の謎なのです。

この謎は、スターリンがなぜ国連軍の編成に反対しなかったか、という謎と同じです。つまり朝鮮戦争は、「アメリカとソ連が組んで起こした戦争」なのです。

これはマッカーサーの証言を読めばわかります。マッカーサーは「自分は朝鮮半島で勝たせてもらえなかった」と回顧録に書いています。

北朝鮮軍を国連軍が一旦追い返した後で、今度は中共義勇軍（中国人民義勇軍）が入ってきます。どこから入って来たかというと、朝鮮半島の鴨緑江《おうりょくこう》の橋を渡ってきました。国連軍の司令官たるマッカーサーは当然、鴨緑江の橋を爆撃しようとしました。そこで爆撃許可をワシントンに求めたのですが、ワシントンの答えは「ノー」でした。それは記録に残っています。

◆韓国は「休戦協定」の当事者ではなかった！

ワシントンは、なぜ「ノー」と言ったのでしょうか。これを考えるだけでも、私たちの国際政治を見る目は格段に進歩すると思います。

国連軍という名目ですが、アメリカは勝たなかった。当時、マッカーサーは「ワシントンは外国の影響を受けている」と言っています。

その「外国」とはどこかと言うと、ソ連もさることながら、イギリスなのです。アメリカ国防省、アメリカ政府の説明は、「重要な戦略についてはイギリスと協議することになっており、橋を爆撃することについてはイギリスが消極的だからダメだ」という論法でした。

可哀想なのは朝鮮半島で戦ったアメリカの兵士たちです、むざむざ殺された兵士たちです。そういうことを私たちは考えてみなければいけません。これを理解しなければ、いくら戦後の国際政治なり東西冷戦、あるいは冷戦崩壊後の世界を勉強したところで、本当のところがわからないのです。

残念ながら歴史関係の知識人の方々も本当のことを言っていません。勉強不足なのか、あえて無視しているのかはわかりません。

朝鮮半島で無益な3年間の戦争が行われ、その結果、休戦協定が結ばれます。では、この協定は、誰と誰と誰の間で結ばれたのでしょうか。国連軍（司令官はマーク・W・クラーク将軍）と中共義勇軍、そしてもうひとつは北朝鮮です。

何か抜けています。韓国です。なんと、韓国は朝鮮戦争の休戦協定の当事者ではありません。こういうことを今、韓国の人は忘れているのではないでしょうか。これが朝鮮半島の真実なのです。

これを知るだけでも朝鮮半島を見る目、金正男暗殺事件を見る目、そして北朝鮮の核問題を見る目も、より複眼的になってくるのではないかと私は思います。ちなみに、休戦協定に調印したアメリカのクラーク将軍も回顧録の中でマッカーサーと同じことを言っています。

「自分は、勝つための人員も武器も与えられなかった」。アメリカ政府が与えませんでした。自国の兵士が殺されるのをアメリカ政府はむざむざとそのままにしておいたことになります。

言い方は悪いですが、アメリカは国民（兵士）の命を虫けらのように扱い、殺してきた、と言わざるを得ません。これがアメリカという国家の正体です。

そして、そういったアメリカの真実、アメリカを牛耳っていた体制が、トランプ大統領の登場で崩れつつあるということなのです。

やっとアメリカ人が、自らの国を取り戻す端緒《たんしょ》についたのです。だからアメリカのメディアは遮二無二《しゃにむに》トランプを攻撃し続けているし、日本のメディアも一緒になってトランプを攻撃しているというわけです。

◇北朝鮮への「戦略的忍耐」を変更したトランプ大統領

2017年の3月に、アメリカが北朝鮮に対する今までの「戦略的忍耐」を変更したということで、それを驚く報道がされたことがあります。レックス・ティラーソン国務長官が日、中、韓を訪問した際の発言についての論評です。

《そのティラーソン長官が一転して、歴訪した日韓中で次々に記者会見をこなし、軍事行動を含む「あらゆる選択肢を検討中」と積極策に出た。オバマ前政権の対北政策については「はっきり言おう。戦略的忍耐という政策は終わった」と歯切れがよい。

過去3代の政権による20年におよぶ対北政策を〝沈黙の長官〟が「失敗のアプローチ」と批判したのだから驚きが広がった。実際、1994年のクリントン政権下の米朝枠組み合意、6カ国協議を経て、現金をせびられたまま北の約束は守られたためしがない》（産経ニュース・ネット版　2017年3月22日「湯浅博の世界読解」THAAD配備の韓国に報復措置を講じる中国に「地域大国のすることではない」沈黙の国務長官が積極策のワケ）

アメリカの対北朝鮮政策が転換したというのはその通りです。私が気になるのはこのコラムの著者・湯浅博さんが、「沈黙の長官」つまり比較的声を上げてこなかったティラーソン国務長官が積極策に出るのはなぜか、と書いていることです。

湯浅さんは、「欧州外交で一定の成果を上げたマイク・ペンス副大統領、ティラーソン長官、ジェームズ・マティス国防長官らアメリカの伝統的な国際主義派が主導権を握れるかどうかが、今後中国の習近平国家主席をワシントンに迎えることになるトランプ外交の正念場になる」とおっしゃりたいわけです。アメリカの、対北朝鮮も含めた安全保障外交が、中国をはじめ他の国に侮《あなど》られないキーポイントは、こういった国際主義者、伝統的な国際主義派が主導権を握れるかにかかっている、ということです。

残念ながら、これはまったく違います。ペンス副大統領もティラーソン国務長官もマティス国防長官も、国際主義者ではありません。まったく逆です。

国際主義者ではないから、北朝鮮政策の転換が図れるのです。北朝鮮を今まで生かしてきたのは、国際主義者が牛耳るアメリカ政府です。産経新聞も含めて世界のメディアは、第二次世界大戦後のアメリカの世界戦略を国際主義だと言ってきました。

ところで、今までの、国際主義者による、北朝鮮を温存させてきた「国際主義外交を変える」と言ったのがトランプであり、ティラーソンです。

このコラムがどうのこうのと言いたいわけではありません。日本のメディアは混乱しています。国際情勢に関わる人は皆、国際主義者だと言いたいように見えます。

トランプ大統領はアメリカ・ファーストで国際主義ではありません。国際主義者のヒラリーを破って大統領になったのですから、国際主義者ではないのは当たり前です。

トランプもティラーソンもマティスも、「アメリカの利益に関わる場合には国際的に介入する」という姿勢です。今までのアメリカの国際介入政策は、アメリカの国益を無視してきました。というよりも、「アメリカの特定の人たちの利益のために国際紛争に関わってきた」と言ったほうが正しいでしょう。それをやめると言っているのです。ここは決して混同してはならないところでしょう。

日本再発見
その十一

第二のウォーターゲート事件

◇謀略だった「ウォーターゲート事件」

ＦＢＩのジェームズ・コミー長官（2017年5月解任）が、大統領選挙に対するロシアの干渉の捜査を開始していたという報道がされたのは、2017年の3月でした。下院の情報特別委員会の公聴会で証言したという記事で、いずれにしても、この段階では噂に過ぎず、コミー長官は、「ロシアが激戦州の開票集計に人員的に操作した可能性は否定」しています。

選挙干渉といっても、どこからどこまでの範囲を指しているかということが明確ではないことがよくわかります。逆に、「干渉」という言葉が一人歩きしているわけです。

これは印象操作です。なんとなく、ロシアが干渉したのではないか、ロシアのおかげでトランプは大統領になったのではないか。トランプおろしは、大統領就任以降、ますます強められているということだと思います。

ＦＢＩがどう絡むかで今後の動きの方向も見えてきますが、「第二のウォーターゲート事件」に発展する危険性は依然としてあると私は思います。現在、はっきりとわかっていることですが、ニクソン大統領を引きずりおろしたウォーターゲート事件は「ヤラセ」でした。

国防総省の中に機密情報をメディアにリークした工作員がおり、これを受けたメディアの報道から始まり、結局ニクソン大統領は「嘘を言った」ということで失脚させられました。本来は、ウォーターゲート・ビル内の民主党本部に盗聴器を仕掛けたのかどうかという事件です。しかし、ニクソン大統領はウォーターゲート事件の本質からはずれた、それ以外の、メディアのインタビューを含む質疑応答、側近の議会での証言の過程で嘘をついたという追求を受け、「嘘をつくような人間は大統領として相応《ふさわ》しくない」という世論をつくり上げられ、辞任を強要されました。

まったくそれに似たことが進行しているのが、トランプ大統領のいわゆる「ロシアゲート」です。

◆従来発言と180度違っていた「シリア空爆」

2017年4月に、アメリカはシリアを空爆しました。それまでトランプ大統領がシリア問題について言ってきたことと、現実に起こったこととは180度違っていました。ニュースを聞いたとき、私も驚きました。

冷静に、この事件の状況、様々な動きを繋ぎ合わせていくと、シリア空爆とは何だったのかということが、少しずつわかってきます。

《米軍は6日（米国時間）、シリアにあるアサド政権の空軍基地を巡航ミサイルで攻撃した。化学兵器の使用が疑われるアサド大統領への対抗措置。米CNNテレビが当局者の話として伝えたところによると、地中海に展開する2隻の米海軍駆逐艦から50発以上が発射された》（産経ニュース・ネット版　2017年4月7日　米軍、シリア軍施設を巡航ミサイル50発超で攻撃　ロシアに事前通告か）

そもそも前提が未だに検証されていません。誰が化学兵器を使ったのかということは、まだ国際的に検証されていない。本当にアサド政権が化学兵器を使って攻撃したのでしょうか。（2017年9月6日、国連人権理事会が任命した国際調査委員会はアサド政権が化学兵器を使用したことを認める報告書を発表しました。しかし、反アサドNGOなどの影響力が強い国連人権理事会が関わる委員会の報告が客観的、公平であるかどうか疑問です。むしろ、どうしてもアサド政権が化学兵器を使用したと決めつけたいとの結論が先にあったというべきでしょう）。

私が用意した答えは、これは明らかに偽旗《にせはた》作戦です。アサド政権が化学兵器で攻撃する必然性はありません。事件がメディアに流れ、すぐにシリア政府が「反体制派の自作自演だ」と発表したのは当たらずとも遠からずです。

ロシアもそれに近いことを言いました。メディアのなかには、アサド政権による化学兵器攻撃を断定していない報道も見かけられましたが、正しい判断でしょう。

しかし、トランプ大統領は、「アサド大統領が毒ガス化学兵器を使って反体制派の支配地域を空爆した」という前提に立って空爆しました。私は、これは虚構だと思います。

これはどう考えても不思議です。常識から外れます。これを解くための、一つのキーワードはイランで、もう一つのキーワードはロシアです。それからもう一つのキーワードは、ほとんどのメディアは報じていませんでしたが、アメリカの共和党です。

◇シリア空爆を理解するための補助線「アラブの春」

共和党というよりもネオコン勢力ですが、おそらく前出の3つがキーワードであろうと私は思います。

これからその理由を説明しますが、その前に、アメリカのシリア空爆を理解するうえで、今までアメリカがどのような中東政策を取ってきたかということをもう一度おさらいする必要があります。

オバマにいたるブッシュジュニア以来の米政権の背後にあったのはネオコン勢力です。「中東のまともな世俗国家をつぶす」ということが、彼らの戦略でした。

私たちは「アラブの春」（2010~2012年）を民主化運動だと聞かされてきましたが、まったく違い、事実上それは民主化に逆行する動きでした。「アラブの春」のターゲットとされた国で民主化デモの後、民主化した国はありません。すべての国が混乱しています。

リビアは今、無政府状態であり、無法状態です。エジプトでも依然としてテロが続いています。私は、「アラブの春」の最終ターゲットはシリアであるとずっと言ってきました。シリアではここ数年、内戦が続いています。

こういう状況を仕組んだのはアメリカのネオコン勢力です。特にブッシュジュニアからオバマ政権までの16年間を牛耳ってきたネオコン勢力です。

シリアについては無法国家にするのが狙いです。そして、このシリア情勢と北朝鮮情勢は関連しています。前述したように、ネオコンの政策は「北朝鮮を温存する」ということでした。

金正恩の北朝鮮があれだけ暴れても、なぜ存続することができているのか、そこを考えれば、ネオコンの対北朝鮮対策は明らかです。アメリカのネオコンの世界戦略のために、「ならず者国家」は必要だったわけです。

ネオコンの北朝鮮政策は、ずっと隠されてきました。北朝鮮があれだけ軍事的挑発を重ねているのに、アメリカが何もしないのはなぜかという素朴な疑問の答えは明らかです。北朝鮮を使って南を併合させ、朝鮮半島を統一するというのがアメリカの戦略です。

そういった国家が存続すること自体がネオコンの世界戦略上では使い勝手がある。シリアが無法状態になって内戦が継続する。エジプトが引き続き混乱を極める。そういった世界の不安定地域はネオコン勢力の世界戦略のためには必要なのです。

◇アサド政権は化学兵器を使っていない？

それではトランプ大統領がシリアを空爆したのはどういうことでしょうか。私は、アサド政権は化学兵器を使っていないと思います。使う必然性がないのです。

アサド政権は、ロシアの支援とトランプ大統領の融和政策のもとで安定していました。シリア国内における反対派のテロも治まる兆《きざ》しがありました。そういうときにわざわざ化学兵器を使って国際世論から非難されるような真似をするはずがありません。

国際政治学者が難しく言うことを、何もそのまま信じる必要はありません。私たちの常識で考えればいいだけのことです。

一番損をしたのはアサド大統領その人です。そして、アサドを支えてきたロシアです。アサドが化学兵器を使うはずはありません。しかし「アサドがやった」という前提で、検証されないうちに、アメリカは空爆しました。

しかも攻撃は、従来オバマ政権のもとで行われていた航空機ないし無人機による空爆ではなく、ミサイルのトマホークでした。イラク戦争のときと同じです。明らかに国際法違反です。これはまさにロシアが言っている通りです。

ここで終わってしまえば、トランプ大統領は結局ネオコンに寝返ったということになります。しかし私はそうは思いません。

微妙なアメリカの国内政治と絡んでいます。結局は、そこがポイントだと思います。共和党主流派対策です。それだけではありませんが、これが非常に大きな理由だと思います。

アメリカの共和党主流派はネオコンそのものであったり、きわめてネオコンに近いのです。彼らの政策はアサドを倒すということ、もう一つはロシアのプーチンを引きずりおろすということです。

この二つのネオコンの政策をことごとく否定したのがトランプ大統領でした。就任した後も、共和党主流派はトランプの足を引っ張り続けています。

そのためにトランプがやりたい政策が進まないという状況があるわけです。結論を言いますと、シリア空爆の意図の一つは、アメリカの国内対策です。共和党の反ロシア勢力対策、ガス抜きだったと言えるのではないかと思います。

トランプ大統領の足を引っ張っているのは共和党内の反ロシア勢力であり、彼らはネオコン勢力ともつるんでいます。アメリカの中で何が起こっているのか、アメリカの政権内にある権力闘争の実態は、こうしてわかってきます。

◆「バノンおろし」でもあったロシアゲート

トランプ大統領最側近のスティーブン・バノン首席戦略官が、２０１７年8月に解任されました。バノンはシリア空爆に反対していました。ではバノンと対立しているのは誰かと言えば、トランプ大統領の娘婿ジャレッド・クシュナー上級顧問です。

アメリカ・ファーストの国家主義強硬派のバノンとクシュナー氏に代表される穏健派と、金融業界や軍出身者の派閥との戦いだという解説もありましたが、違います。クシュナー派は穏健派と解釈されていますが、強引にシリアを攻撃したのですから、穏健派とはとても言えません。

メディアだけではなく私たちも、強硬派と穏健派の対立といった権力闘争であるとつい思い込みがちですが、それほど単純ではありません。

バノンが排除されたのはロシアとの関係です。ネオコン的発想の共和党主流派はどうしてもロシアを倒したい。しかしトランプ大統領はロシアとの関係改善を言っています。いわゆるロシアゲートは、バノンおろしでもあったと思います。すでにフリン大統領補佐官は、そのために引きずりおろされていました。

民主党ではなく、共和党の主流派がトランプおろしを工作しています。いわばトランプは股裂きの目にあっているのです。足元を引っ張られ、共和党主流派から頭を押さえつけられているのです。

したがって、トランプ大統領がやりたいことは進んでいません。「オバマケア」に対抗する「トランプケア」もつぶされました。共和党がつぶしているのです。

シリア空爆の最大の目的は対共和党対策だったと思います。トランプとしては、ロシアにも毅然とした対策は取るのだということを共和党に印象づける必要があったのだろうと思います。

現にトランプ大統領は攻撃の前にプーチン大統領に電話をかけロシア側に通報しています。攻撃対象はロシア軍も使っている基地でした。つまり、攻撃する敵方にも通報しており、極めて限定的な攻撃でした。メディアもそう報道していますし、アメリカの国防総省もそう発表しています。

徹底的には叩いていないわけです。ここを私たちは正しく理解しなければいけません。プーチン大統領もわかっているのです。ですから、形のうえでは反発はしますが、それ以上の対抗措置はとっていません。

プーチンとトランプが、そこまで上手《うま》く手を握り合っているかどうかはわかりません。しかし、トランプ大統領のシリア空爆は、メッセージとしてプーチン大統領に正確に届いたと私は思います。「ロシアを決定的に叩く意図はない」という意味を、正しくプーチンは受け取っているわけです。

◆自制しているロシアという現実

以前に似た状況がありました。２０１５年11月、トルコがロシア軍機を撃墜した事件がありました。

ロシアが軍事反撃してもおかしくなかった事件でした。しかしプーチン大統領は攻撃しませんでした。エルドアン大統領も、なんやかんやと言いながらも、最後は謝罪しました。

結局、その後のクーデター騒ぎで、ロシア軍機撃墜事件はトルコ空軍内の反エルドアン勢力の工作だったことがわかりました。シリア空爆と背景は違いますが、そこにはロシアが自制しているという現実があり、その点において共通します。

したがって共和党主流派のネオコンは、なんとかロシアを介入させたい、ロシアをアメリカに挑戦させたいと考えているわけです。そうしてロシアを一気に追い詰めるというのがネオコンの戦略です。

しかしトランプ大統領にはその気はありません。プーチンもまた、ネオコン勢力の挑発には乗ってこなかったのです。

しかしトランプが大統領として自分の政策を遂行するうえでは、どうしても共和党主流派に真っ向から対決しているわけにはいかない。そういう微妙な力関係の上に立つシリア空爆だったのではないかと思います。

実に不思議な空爆でした。２００３年のジョージ・Ｗ・ブッシュのイラク攻撃のときにはドイツとフランスは反対しました。シリア空爆についてはドイツもフランスも支持あるいは理解を示しています。ヨーロッパの反応が違うのです。アサド大統領が化学兵器を使ったから報復したというような単純な構図ではないということがこれでおわかりいただけると思います。

日本再発見
その十二

どこまでも続く──「トランプおろし」

◆北朝鮮への警告だった習近平との会談

２０１７年4月にフロリダで行われたトランプと習近平の会談は、報道でも言われていた通り、北朝鮮への警告だったと思います。中国は、アメリカのネオコン勢力の了解のもとに北朝鮮を支えてきたのだと私は思っています。しかしトランプ大統領に言わせれば、それはもう取りやめです。

「中国も北朝鮮を支えるな」ということです。「中国がやめればそれでいいが、やめないのであれば、アメリカは単独で行動する」。非常にわかりやすいメッセージを習近平に伝えたのだと思います。

しかし、それだけでは習近平の面子《めんつ》はまるつぶれです。トランプ大統領は、北朝鮮への制裁をきちんとやると態度で示せば、貿易問題では少しは負けてやる、という話をしたのだと思います。こういったリンケージが良いか悪いかは別として、トランプ独特の陽動作戦でしょう。

現在、中国は非常に温和《おとな》しい。ということは、逆にどういうことかと言うと、アメリカがトランプ大統領のもとで本気になれば、「世界の警察官」などと標榜しなくてもこれだけの力を持っているということです。それをオバマ政権までは表に出してこなかった。それがネオコンの政策でもありました。

そういう意味では、アメリカの「国」としての力を弱めてきたのがネオコンだったのです。ネオコンの最終的な狙いは世界の統一です。そのためには、健全な強いアメリカは逆に害になります。

健全なるアメリカ国家が世界の覇権を握らないようにしてきたのは、じつはアメリカのネオコンだったという皮肉、逆説さえ成り立ちます。それを見ないと、世界で起こっていることはわかりません。

「なぜ北朝鮮が生き延びてきたか」「なぜアラブでまともな政権が倒され無法状態となったのか」「なぜ難民が大挙してヨーロッパEUを目指しているのか」。これらは、世界をグローバル市場化して統一するというグランドデザインに集約されます。

シリア空爆は、トランプ大統領のギリギリの妥協だったと思います。水面下で取引があったのでしょう。トランプ大統領の、自分の信念を決定的には曲げることなく生き残りをかけた行動だったと私は思います。

◆イランをコントロールしたい娘婿クシュナー

解任されたバノン首席戦略官と、トランプ大統領の娘婿クシュナー上級顧問は対立関係にありました。クシュナーの頭にあるのはイスラエルの擁護です。イスラエルにとっての危険は、アサドのシリアもそうですが、特にイランです。イランは依然として、はっきりとイスラエルの殲滅《せんめつ》を唱えています。

したがってクシュナー派は、イランをなんとかコントロールする必要があります。ここがバノンとの戦略の対立の大きな原因だったろうと思います。

バロンはとにかくロシアとの関係を改善したかった。しかしクシュナーは、ロシアよりもイランを叩くことのほうが重要だった。そういうことではなかったかと思います。

そして、イランと緊密な関係にあるのが北朝鮮です。北朝鮮を叩くというトランプの思惑には、イランというファクターが隠されています。結局シリアも北朝鮮と関係しているわけです。

トランプ政権には、イスラエルの安全のために、ひとつの戦略があると考えられます。今のところはまだ、ロシアもトランプに完全には見切りをつけていないし、トランプの苦渋のメッセージが伝わっているとは思います。

しかし、今後、トランプ政権から親露派、ロシアとの関係改善派が放逐されていった場合、プーチンがどう出るかという問題がクローズアップされてきます。

私たちが今知らなければならないことは、アメリカが決心することで、どれだけのことができるかということです。決心次第では中国も黙らざるを得ません。

今までアメリカは、と言うよりネオコンは、あえてそれをしてきませんでした。そういう意味では、中国をのさばらせてきたのはネオコンです。アメリカはやはりすごい国であることをあらためて、習近平も理解しているはずです。

◆米メディアと一緒に騒ぐだけの日本のメディア

トランプおろしの構図は、日を追うごとにはっきりしてきているように私は思います。「ロシアゲート」はウォーターゲート事件とまったく同じやり方です。なぜかと言えば、黒幕が同じ勢力だからです。

本来、日本のメディアはこういうことに気がついて指摘しなければいけません。アメリカのメディアは気づくも何も黒幕の仲間です。アメリカのメディアがそんなことを言うはずがありません。

しかし、日本のメディアは、アメリカのメディアと一緒になって騒ぐだけです。申し訳ないのですが、産経新聞5月21日の、作家・佐藤優《さとうまさる》さんのコラムがそれにあたります。

《インテリジェンス機関から得た情報に対するトランプ米大統領の扱いに関して、深刻な疑念が生じている》（産経新聞２０１７年5月21日「世界裏舞台」作家・佐藤優　トランプ大統領は「サード・パーティー・ルール」という掟に無知で、学ぶ意思がない？）

サード・パーティー・ルール（第三者に関する規則）などと難しいことが書いてありますが、要するに、今、マスコミは、ロシアが大統領選挙に介入したというところから起点してトランプおろしをやっています。それとの関連で、２０１７年5月15日に行われたトランプ大統領とロシアのラブロフ外務大臣との会談において、「トランプ大統領がロシアに国家機密情報を提供した」という批判です。

これは「為にする」議論です。トランプ大統領の足を引っ張るこじつけです。私も外務省の事務当局として、首脳会談などの下働きをしたことがありますが、きちんと発言要領というものをつくります。このときはおそらく米国務省がつくったのだと思いますが、トランプ大統領は、その要領に書いてあることを元にして、しかも事前に関係者と打ち合わせをして発言しているはずです。

このときにトランプが提供したのはモサド（イスラエル諜報特務庁）からの情報だと言われていますが、そもそもＩＳに関する情報がそのままの形で直接大統領に行くことはあり得ません。これはどこの国でもそうです。

例えばモサドからＣＩＡ（中央情報局）に情報交換として情報が来る。ＣＩＡはおそらく加工してホワイトハウスあるいは国務省に上げます。そこで議論して、大統領には何を話してもらうか、また、ＩＳに関する情報はこういうことになっているということを説明します。だからトランプも基本的にはそれに従ってラブロフと話したはずです。

この場合、どこに問題があるかというと、会談でトランプが「本当は言ってはいけないことを言った」と、政府高官が新聞記者に漏らしたところにあります。

どちらが悪いでしょう。漏らしたのはどちらでしょうか。高官の方がよほど機密を漏らしています。ところが佐藤優さんは、そうではないと、書いておられます。

《米国のインテリジェンス機関に、この世界の掟について、無知で、しかも学ぶ意思のないトランプ大統領をこのまま野放しにしておくと、米国の国益を大きく毀損すると考えている人々がいて、ワシントン・ポストに機微に触れる情報を漏洩したのだと筆者は

見ている》（前掲紙）

高官は正義感に駆られてやったという趣旨です。私は、これは明らかに洗脳的な記事だと思いました。アメリカ政府内の反トランプ政府高官を、事実上擁護しています。「ワシントン・ポストに機微に触れる情報を漏洩した」。日本で言えば、機密情報漏洩にあたる犯罪です。それを佐藤さんは「立派なことだ」と言っておられる。不思議なことです。

しかもトランプ大統領を、一方的に無知だと決めつけています。「学ぶ意志がない」とも書いています。そんなことが、どうしてわかるのでしょうか。

こういう洗脳が日本では行われています。たまたま産経新聞に載った佐藤優さんのコラムを取り上げましたが、他の新聞、メディアは言うに及ばずで、このような件を捉えて、「国家機密をトランプが漏洩した」と言っているのです。

◆いつでも政権に牙を剥くFBI

こういうふうに見てはいけません。そもそもトランプ大統領は機密情報を漏らすような状況にはないうえ、機密情報などなかったと思います。本当の機密情報は、十分検証された後でないと大統領に上がりません。

それなのに、いかにもトランプ大統領が機密情報を漏らしたように世論操作、印象操作をしています。ワシントン・ポストにコンタクトした高官がいるのは確かでしょう。この高官は法律を犯していますから問題です。しかし、トランプ大統領は法律を犯しているとは断定できません。

不思議なことに、逆の印象を与える記事になっているわけです。これもトランプおろしの一環です。アメリカの主要メディア、フェイクメディアはもっと露骨にやっています。

ワシントン・ポストが中心ですが、ニューヨーク・タイムズも含め、アメリカの政府高官が意図的に情報を漏洩しています。彼らは情報漏洩者であって、犯罪者です。それを「情報提供者」などと呼んでいるのです。

これもまた、ウォーターゲート事件とまったく同じです。あの事件で情報を漏洩していたのは、マーク・フェルトという、なんと当時のＦＢＩ副長官でした。ウォーターゲート事件が終わって30年ほど経ってのちに彼は証言しました。

ＦＢＩは、いつでも政権に牙を剥《む》くのです。獅子身中《しししんちゅう》の虫と言うべきでしょう。ＦＢ

Ｉの中に反トランプの高官がいる。そうやって彼らは、メディアを使ってトランプを引きずりおろそうとしています。ニクソンもそれで引きずりおろされました。

元ＦＢＩ長官のロバート・ミュラーが特別検察官に任命されたのも、トランプおろしのひとつだと思います。特別検察官はＦＢＩと検察当局からは独立してロシアの選挙介入事件を調査します。ということは、逆に言えば、トランプ大統領にとっては、１、２年の余裕ができたということを意味します。特別検察官の調査は時間がかかるのです。

だから、放っておけばいいのです。調査を特別検察官にやらせておけば、トランプとしてもいちいち、しゃかりきになって反論する必要はありません。反論すると、またメディアの逆襲が雪だるま式に始まります。メディアは「いよいよ弾劾《だんがい》が始まる」などと言っていますが、このことでかえって彼ら自身は自滅していくはずです。

◇「ウォール・ストリート・ファースト」だったアメリカ

産経新聞に「新聞に喝！」というコラムがあり、ＦＢＩコミー長官の解任を「一線を超えたトランプ氏」と表現しています。

《トランプ米大統領によるコミー連邦捜査局（ＦＢＩ）長官の電撃解任劇は、この政権の終わりの始まりかもしれない。長年米国政治を観察してきた立場からすると、越えてはいけない「一線」を大統領自らが踏み越えたと感じざるを得ない》（産経新聞２０１７年5月21日「新聞に喝！」ＦＢＩ長官解任「一線」越えたトランプ氏…政権の終わりの始まりか　大阪大学教授・星野俊也）

このコラムには、前述した佐藤優さんのコラムと同じように、一見、誰も反論できないようなことが書いてあります。じつはこれも一種の印象操作です。

全文を読むと、政治学的には、大学の試験でこういうふうに書けば満点をもらえる話にはなっています。星野俊也さんという方は鋭い指摘をされる方だと思いますが、このコラムは、残念ながらポリティカル・コレクトネスの塊です。

星野さんは、かつて国連の日本政府代表部にも勤務された国際情勢を非常に熟知した方だと私は理解していますが、そういう方でも越えられないラインがあるわけです。「一線」が問題なのはトランプではなく、依然として一線を越えられない日本のメディアでしょう。

星野さんは、現在のアメリカのシステムは素晴らしいという前提に立っておられます。

トランプは、そのシステムに挑戦している。したがってトランプは「一線を越えた」……。まったく申し訳ないのですが、これは間違っています。

この文脈では、アメリカの政治システムを構築してきた勢力、今までアメリカを支配してきた勢力にとって、都合のいいコラムになってしまうだけです。

《やはり多くがウォーターゲート事件との類推を論じるなか、高級誌ニューヨーカーは9日付の電子版記事で「専制君主のごとく行動する」トランプ氏を非難し「米国政治システムに対する計画的で恐るべき攻撃だ」と、早くも問題の核心を突いている》（前掲紙）

「核心をついている」として、これがFBI長官解任の本質だとしてしまうこと自体が、残念ながら間違っています。星野さんがどういう意図でこのコラムを書かれたのか存じ上げず、この文章だけですべてを判断してはいけないとは思いますが、これはまったくひどい言い方だと思います。

「米国政治システム」とは、今のアメリカを影から支配している勢力がつくり上げてきたシステムのことです。だから、彼らの利権に対して楯を突くニクソンを、メディアを使って引きずりおろしたのです。そして今度は、彼らが支持するヒラリーに勝ったトランプを引きずりおろそうとしているわけです。

「米国政治システム」は崩れようとしています。トランプ大統領（政権）が、明らかに、今までの政治システムを壊すという意図を持って誕生したからです。それは彼の「アメリカ・ファースト」という言葉に象徴されています。

残念ながら、今までアメリカを支配してきた勢力がつくってきた米国政治システムは、アメリカ・ファーストではなかった。「ウォール・ストリート・ファースト」だったのです。

第四章

「安倍おろし」の本質

日本再発見
その十三

強烈な存在であることの逆証明

◇メディアの劣化を象徴する森友・加計問題

２０１７年前半は、すでに皆さんご承知のように、日本のメディアはテレビも新聞も森友学園問題と加計学園問題であふれかえりました。国際情勢であれ、国内の政治問題であれ、結局は何かいわゆるのぞき趣味的な、ワイドショー的な視点で捉えられてしまったようです。

これはメディアの〝劣化〟の象徴です。ニュース性という、メディアが持つ意義はどこかに行ってしまっています。面白おかしく、人のプライバシーまでのぞき込むことが中心になっている。

そんなことをやっているときではないということは皆さん、痛いほどおわかりだと思います。北朝鮮が、あらためて、はっきりと日本を標的にしている、日本の米軍基地を標的にしていると明らかにしました。「お花畑的」な国際情勢分析ばかりでやってきた国会議員の皆さんは、目を覚まさなければいけません。

それなのにまだ、「テロ等準備罪」を設けると一般の人が犠牲になるとか、そんなレベルのバカなことを言っています。重症というよりも、重症であることに気づいていないということの方が問題ではないでしょうか。

隣の国が日本へ目がけてミサイルを撃つような状況になっているときに、それに真剣に向き合おうとしないメディアと野党の体質は、まさに日本の国益と日本人の将来について何も考えていないということを象徴しています。

安倍総理なり政府側の対応を切り貼りして、自分に都合のいいストーリーに仕立て上げる――。私がたびたび申し上げている、メディアの「洗脳」ということです。

◆底流で結びつく「安倍おろし」と「トランプおろし」

メディアによる洗脳は未だ終わっておらず、これからもますます「安倍おろし」の観点から行われることと思います。なぜかと言えば、それは事実上、「トランプおろし」だからです。

安倍おろしとトランプおろしは、底流において結びついています。トランプ大統領は、今までのメディアによるアメリカ世論の支配というものを覆《くつがえ》そうとしています。だからこれだけ、アメリカのメディアだけではなく、世界のメディアから反発を受けているわけです。

この世界のメディアのなかには、日本のメディアも入っています。ヨーロッパのメディアも入っています。これは言わば、トランプ大統領、あるいは安倍総理と、別の意味ではプーチン大統領の、「対メディア戦争」です。プーチン大統領にとっては、アメリカやヨーロッパ、日本のメディアとの戦いでもあります。

「トランプは大統領としての資質が問題だ」という具合にメディアは私たちを洗脳します。メディアに登場する知識人は、まず例外なく未だにそう言っています。プーチン大統領については、現状破壊主義者、領土拡張主義者と未だに言う。

すべて底流で結びついているわけです。日本も決して例外ではありません。未だにロシアを悪者にしておけばそれで新聞は文章が書ける。テレビはそれで一つの番組ができる。これは、実際に今、世界で起こっていることを国民の目から隠すということです。

メディアとは、「メディアの背後にいる人たちの世界観」に他なりません。今まで築き上げてきた彼らの世界観、つまりグローバル世界、グローバル市場化、グローバリズムの世界観は今、音をなして崩れ始めています。それに対してメディアは猛烈に反発しているのです。グローバリズムという嘘、プロパガンダが完全にバレてしまうのを何とか抑えようとしているのが今の状況です。

メインストリームメディアは欺瞞ばかりで、国民の良識から乖離しています。彼らはそれに気づきながら、気づいていないふりをしているのです。それを言えば、メディアが今までやったことはすべて嘘だったということがバレてしまうからです。

メディアは急激には転回できません。アメリカのメディアも日本のメディアもヨーロッパのメディアもできません。

例えば、トランプ大統領の就任演説には、何も新しいものはなく、今までの発言の上塗りに過ぎないなど、メディアは否定的な反応ばかりを伝えます。その反面、アメリカの国民の80％が議会におけるトランプ大統領の施政方針演説を評価しているということは伝えません。議会演説は、アメリカ精神の復活を訴え、アメリカ人の矜持《きょうじ》、プライドを呼び起こす、歴史に残る立派なものだったと思います。

日本も、「日本の精神」を復活させる必要があります。戦後70年が経ち、ようやく今までの全世界的な欺瞞、簡単に言えばグローバリズム、言ってみれば文化多元主義と言われるものの嘘が誰の目にも明らかになってきたのが、今のアメリカであり、日本であり、ヨーロッパだろうと思います。

◇事実・真実より安倍政権へのダメージ

森友学園の問題は、最初から奇妙でした。国有地の売却価格が適当であるかどうかがこの問題の本質です。しかし、適切だったか不適切だったかという結論が出ていないのに、最初から不適切だという前提で様々な犯人探しが始まりました。

どんどん本質から離れ、教育勅語問題にまで発展したりしました。籠池理事長を知っているか知っていないか、いつから知っているのかということを国会で、集中議論などをする。「国会は何をやっているのか！」と言いたくなります。

8億円と言われている国有地の売却価格の値引きが、汚染土壌対策費として適切であったかどうかということを客観的に、公平に議論すればいいだけの話です。会計検査院が不適切だったと評定した場合に次の段階に行くのが本当です。それなのに、誰が、どう介入したか、ということばかりをやりました。

それがまた、「国有地の売却に介入した」ではなく、籠池理事長との交友関係の話になる。本質からずれきったことを、野党もメディアも毎日追求する事態になりました。

私は、ＳＴＡＰ細胞のときの「小保方つぶし」と同じことが行われているというふうに感じました。メディアが同じことを言い始めるとき、そこには必ず裏があります。真実などはどうでもいい。とにかく、安倍政権にダメージを与えればいいということです。

しかし、これもまた危機管理の一環です。政府の対応も生ぬるいと私は思いました。最初にビシャッと切ればいいだけの話です。交友関係といったことに焦点が当たってしまえば、野党はなんでもかんでも質問できることになります。「交友関係が始まったのは10年前か11年前なのか」「それでは前に言ったことと違う」……。こんなことで国会の貴重な時間をつぶしているわけです。

参議院は衆議院の予算が通れば、はっきり言えば後はやることがありません。どうあれ1ヵ月で成立してしまうわけですから、特に野党の参議院議員にとっては、バカらしくて予算審議などやっていられないということになります。

だから予算とは関係のないこの手の問題を取り上げて、大げさに騒いでいるということだと私は思います。それに悪乗りしている人が、ひょっとすると自民党の中にもいるかもしれません。

例えば稲田朋美防衛大臣（当時）を防衛問題ではないところで、プライベートな交友関係で攻める。国民にとっては、「またか、いいかげんにしろ」ということになると思います。

そういう多くの国民の気持ちを彼らは知らないということでしょう。野党の方々の発想は、国民の意識と乖離しています。野党はそこを考え直すべきだと思いますが、いまさら言っても変わることはないでしょう。

日本再発見
その十四

目覚めていないのは
メディアだけ

〝当たり前のこと〟と〝常識〟が書かれた「教育勅語」

森友学園問題では、「教育勅語をカリキュラムとしているからけしからん」などという話も出ました。ほとんどのメディアが茶化していました。しかしそういう報道をしているメディアの記者自身、おそらく、教育勅語を読んだことはないのでしょう。読んだこともなく、「教育勅語は国粋主義の元凶」などと言う。あるいは戦前の軍国主義の支柱となったなどという観点から取り上げるわけです。

２０１７年の３月ですが、産経新聞の論説委員兼政治部編集委員、阿比留瑠比《あびるるい》さんが「教育勅語のどこが悪い」という記事を書いておられました。

《明治天皇が人が生きていく上で心掛けるべき徳目を簡潔に示した教育勅語が、メディアに「悪者」にされている。

「教育勅語の精神は親孝行、友達を大切にする、夫婦仲良くする、高い倫理観で世界中から尊敬される道義国家を目指すことだ」

稲田朋美防衛相は８日、参院予算委員会でこう述べた。その通り、教育勅語の口語文訳は次のようである。

「私は教育の根本もまた、道義立国の達成にあると信じます。国民の皆さんは、子は親に孝養を尽くし、兄弟・姉妹は互いに力を合わせて助け合い、夫婦は仲むつまじく助け合い……」

これのどこが悪いのかさっぱり理解できないが、毎日新聞は翌9日付朝刊で次のように批判的に報じた。

「稲田氏に対し、資質を問う声が上がる可能性がある」》（産経新聞　2017年3月13日「阿比留瑠比の視線」教育勅語のどこが悪いというのか　毎日新聞よ、無知と偏見の他者攻撃はみっともない）

毎日新聞が稲田防衛大臣の教育勅語に対する解釈を批判的に報じたことに対する批判です。問題は、毎日新聞が「稲田氏に対し資質を問う声が上がる可能性がある」と報じたところにあります。

これはいやらしいやり方です。これも、一種の洗脳です。毎日新聞が「資質を問う声」を新聞報道で取り上げたから読者も一緒に声を上げろ、と言っているわけです。

毎日新聞独特の洗脳方法でしょうが、卑劣で、いやらしいと私は思います。こういうふうにメディアは世論を誘導し、追い詰め、洗脳していくのです。

教育勅語については安倍政権が、すでに2～3年前に答弁しています。教育勅語の内容そのものには今日でも通用する普遍的なものがあるから、この点に着目して学校で教材として使うのは差し支えないと、当時の文部大臣が答弁しました。

したがって、森友学園で、教育勅語の暗唱教育があったとしても何ら不思議でも問題でもありません。しかも森友学園は私立学校です。

それ以前に、そもそも教育勅語には、阿比留さんが言うように、悪いところなどどこにもありません。私は文部大臣の答弁を聞くまでもなく、教材として使っています。私は岡山の吉備国際大学外国語学部で日本の近代史を教えていますが、教材として教育勅語を使っています。読めば読むほど立派なことが書いてあります。

教育勅語に、「法律や、秩序を守ることはもちろんのこと、非常事態の発生の場合は、真心をささげて、国の平和と安全に奉仕しなければなりません」という部分があります。阿比留瑠比さんは遠慮して、「これも基本的人権を損なうような過激な主張だとは必ずしも思えない」と書いておられます。私は、必ずしも思えないどころか、遵法精神つまりきわめて当たり前のことを言っていると思います。

毎日新聞は、大好きな憲法擁護を唱え続けていますが、教育勅語は「憲法や法律を守りなさい」と言っているのです。

そのうえで、「いったん緩急あらば」と言っています。国が攻撃されるなど、そういう非常事態になれば、みんな協力して国を守るために奉仕してください、と書いてある。当たり前のことです。

どこを読んでも問題などなく、現代にも通用します。なぜなら、普遍的なことが書いてあるからです。

教育勅語は戦後のどさくさに紛れて、国会決議で廃止したことになっています。しかしそれはＧＨＱの占領下での話です。

教育勅語をまともに読んだことのない人が批判している。読めば批判などできなくなるだろうと私は思います。

◆本質から外れることが野党とメディアの戦術

森友学園問題は、その後、どんどん劇場化していきました。魔女狩り的な様相を呈してきましたから、私は非常に危険だと思いました。

野党もメディアも、まさに劇場的な効果を狙っていました。安倍総理を中傷し、安倍総理のイメージをダウンさせるということばかりをやっていました。

安倍総理と籠池夫妻、総理夫人と籠池夫妻、稲田防衛大臣（当時）と籠池夫妻などなど交流関係にメディアや野党が焦点を当てたのは、明らかに印象操作を狙ってのことです。

物事の本質から外れています。逆に言えば、本質から逸《そ》らさないと、野党にとってはこの問題を国会で取り上げる意義がなくなってきたわけです。

ところが、関係者の証言や発言が、あまりにもどんどん変わるものだから、さすがの民進党も困惑する事態になりました。

共産党の機関紙「赤旗」はちゃんと逃げました。そういう意味では、私は「赤旗」の記事は他のメディアやあるいは民進党という政党に比べて正直だと思います。

「赤旗」は、２０１７年3月16日付の一面に、籠池氏が去年の10月に稲田防衛大臣と会ったという発言を載せました。ところが、その後、これが嘘だったことがわかった。「赤旗」は、翌々日18日の紙面で記事取り消しの訂正記事を出して謝罪しました。私は、ここれに関しては「赤旗」はそこそこ立派だったと思います。

いわゆる安倍総理による１００万円寄付問題も、実に怪しいものでした。わざわざ一部を消した郵便局の振込用紙が出てくるなど、明らかにおかしい。事件にもならない事件、つまりバラエティショー的な視聴者の興味を狙ったとしか言いようのない野党とメディアのはしゃぎぶりでした。

こういうことを国民の血税で養われている国会議員の野党がやっていいものでしょうか。野党を批判する材料にはこと欠きません。しかし、私の目的は野党を批判することではありません。問題は、この騒動の背景に何があるのかということです。

◆資質を問題にして、何でもありの状態へ

これは決して単発的な事件ではありません。交友関係を問題にするということと、人の資質に疑問を呈するということとが繋がるのです。2017年の3月に、南スーダン国連平和維持活動（PKO）派遣部隊の日報について、稲田防衛大臣（当時）が陸上自衛隊には残っていないと説明していたにもかかわらず、じつは保管されていたということが国会で問題にされました。

《組織の責任者は稲田氏自身であることを、重ねて指摘しておきたい。防衛省・自衛隊をしっかりと掌握し、管理運営する能力がはたして十分なのか。稲田氏の国会での答弁ぶりにも、大きな疑問符が付けられている。

その資質について、任命した安倍晋三首相があらためて見定めねばなるまい。防衛相のポストの意味合いは、ややもすると軽量級といわれた昭和期の防衛庁長官とは格段に異なるのだ》（産経ニュース・ネット版　2017年3月19日「主張」　PKO日報問題　稲田氏に国は守れるのか）

産経新聞の社説ですが、全文を読むと、混乱していることがわかります。本来の産経の報道姿勢とは相当離れた内容になっていると思いました。

「日報」問題は稲田防衛大臣（当時）に責任があるとしています。そして、稲田防衛大臣の資質については任命した安倍首相にも責任があるとして、「更迭《こうてつ》すべき」と言わんばかりの社説になっていました。

驚きました。私も官僚をやっていましたからわかりますが、大臣のところに情報がすべて上がるなどということはありません。当然のことです。何を上げるか選択することが、大臣を支える官僚にとっては重要なことだからです。

国会答弁と報道で判断する限り、防衛省のしかるべき官僚が、この日報問題の本当のところを稲田防衛大臣に上げていなかったということです。だから稲田防衛大臣は保管されている事実を知らなかった。それを徹底的に調査するということで大臣直轄の防衛監察本部に特別防衛監察を命じたのです。

担当が重要な情報を上げなかったということですから、トップとしては当然そうするでしょう。本来防衛省の幹部がやるべきことは、防衛大臣に事実を上げたうえでどう対応するか相談することです。上げないと判断した幹部は、やはり責任を問われるということだと思います。

稲田防衛大臣の国会答弁を間違った方向に導く結果になったわけですから、官僚としてはもちろん責任を取らなくてはならない。そこがこの問題の本質です。稲田氏に防衛大臣としての資質があるかどうかというのは二義的な問題です。

この件では、日報問題だけではなく籠池理事長との交流問題を合わせて、稲田防衛大臣をなんとか辞めさせようという印象操作が行われたとしか思えません。残念ながら産経新聞も一部、これに加担したのではないかという気がしてなりません。

森友学園問題の根底には、問題の本質を外す野党とメディアの姿勢がありました。それを私たちは十分に心得ておく必要があるでしょう。

◆メディアこそが気づくべき日本の民度

森友学園問題については、国民の多くは、メディアや野党の態度はおかしいのではないかと感じておられると思っていました。面白いことに、当時の産経新聞の世論調査で、そういう結果が出ています。

内閣支持率はほとんど変わらず、1・4ポイントの微減で、57％です。もちろん読売新聞はもっと厳しい結果を出していて10ポイントの減。しかし、10ポイント減っても56％でした。

そして、産経新聞によると民進党の支持率も2ポイント減っています。読売新聞あるいは日本テレビの方は、民進党はポイントが上がったことになっていました。

この事件は、とにかく安倍政権に関する決定的な打撃にはなりませんでした。メディアと野党がいくら騒ごうが、打撃にならなかった。なぜかと言うと、国民の、一般の方がしっかりしているからだと私は常にそう思います。

以前のようにメディアの報道をそのまま信じ込んで、「けしからん」などと同調するような、そういう状況はとっくに終わっているのです。メディアこそが国民はすでに目覚めているということに気づいて、日本人の民度の高さというものを正当に評価して尊重すべき時期に来ているのだと私は思います。

◆問題の解決より、問題になるネタさがし

安倍首相が何か国益に触れる問題を起こした、失敗をした、そういうことで安倍おろしが始まっているわけではありません。

安倍首相をおろそうという勢力が最初からいて、その材料探しをやっていた。たまたま森友学園問題が引っかかり、「あんな」というのは問題かもしれませんが、あんな些《さ》細《さい》な問題がいろいろいじくり回されることになりました。そして、次には加計学園問題がいじくり回されることになりました。

しかも、加計学園問題では、日本政府の元高官の中から内部告発者が現れました。言うまでもなく文科省の前川喜平前事務次官です。

前川前事務次官のおやりになったことは、官僚道に反します。私も官僚のはしくれでしたから、各省庁間の権限闘争などは日常茶飯事であることを知っています。

簡単に言いますと、これは、当時の文科省と内閣府、農林水産省との間の権限闘争です。お互いが、お互いの権限を守ろうとして、丁々発止のやりとりをやった。結局、文

部省が負けたというだけの話です。

前川前事務次官が本当に「これは本来のあるべき行政が歪められた」と思ったのであれば、その段階で辞表を叩きつけるなり告発をすべきでした。事が終わり、そのうえ自分が責任者でもある別の問題（天下り斡旋《あっせん》問題）でクビを切られた後、時流に乗って、いわば自分の個人的な逆恨みをいかにも義憤であるかのごとく訴えてメディアの前に現れるなどは、官僚道にまったく反しています。

前川前事務次官が真剣でなかったことは、内閣府との権限闘争に敗れたときに辞表を提出しなかったことでわかります。少なくともそのときに問題を指摘すべきでした。

権限闘争は大小様々な問題についてまわります。私が所属していた外務省も、もちろんいろいろな省庁と権限闘争をやる。しかし、不満は残るにせよ収まったときには、それについては決して外に漏らしたりはしません。内部告発など絶対にしないのが官僚のルールです。

官僚は、皆、不満だらけです。予算などは、不満そのものです。毎年12月末に財務省が査定しますが、1円でも多く取ろうとしてギリギリまでねばります。

しかし、終わってしまえば誰も不満は漏らしません。なぜなら、それですべての大臣が了解したということで国会の予算審議が始まるからです。それが官僚道、本来の官僚のあるべき姿です。満足できない人間は、そのときに自らの進退を明らかにすればいい。それだけの話であって、それをしなかった人ですから、直接は存じ上げませんが、残念ながら前川前事務次官という方の人格は推して知るべしと思います。そしてまた、前川前事務次官を持ち上げるようなことを言う官僚は、同じような人であろうと思います。

◇不可欠な政治家だからこそ、リベラルからの反発が強く起こる

森友学園問題と加計学園問題で、２０１７年の通常国会はまさに不毛そのものでした。不毛に不毛を重ねた最大の戦犯はもちろん野党ですが、それに乗っかったメディアが問題です。野党と相乗りして、とにかく安部おろしに終始しました。

メディアがやったことは、印象操作そのものです。新聞もテレビのニュース解説も、バラエティショーもこぞって印象操作をやっていました。

しかし、私が本当に心配しているのは、日本の国会議員はこれでいいのか、ということです。皆さんもそう思われている方が多いのではないでしょうか。

国会での審議は「お花畑的な議論」で終わってしまったわけですが、世界情勢は、日本のことは何もかまってくれません。日本が一方的に、「私たちは平和を愛します」と

言ったところで、世界情勢は残念ながら聞き入れてはくれません。

日本の、特に野党の政治家は、国民の指摘に聞く耳を持つどころか、そういう発想がまったくありません。これは、もう危機感どころの話ではありません。私たちはすでに「戦争」に巻き込まれています。

軍事的な攻撃こそまだ行われていませんが、テロの前哨戦《ぜんしょうせん》が行われています。私も、すべての証拠を握っているわけではありませんが、まず世間に「不審火」が多すぎます。いろいろな謀略が静かに浸透しているわけです。

皆さんは、インターネットやSNSを通して、いろいろな情報を目にしています。しかし、国民の多くはまだ、基本的には日本の既存のメディアからのみ情報を受け取っているわけです。

森友学園問題は事実上、終わりました。加計学園問題も、事実上終わりました。共謀罪も通り、いよいよ日本も「テロ等準備罪」に対して対応できるようになりました。

テロは、発生してからでは遅いのです。発生する前に阻止しなければ意味がないわけですから、「テロ等準備罪」は当然の法律です。それを、「一般の人の内面が捜査の対象になる」など、嘘を言って駄々をこねたのが野党でした。

内面まで監視することなど、論理的に考えてできるはずがありません。内面まで捜査の対象になるなど論理矛盾なのですが、そんなでたらめを平気で野党もメディアも垂れ流したわけです。

私はたびたび申し上げていますが、今の状況で、安倍首相以外に政権を託せる方はおられません。安倍首相はもちろん万能ではありませんが、はっきり言って他の政治家には、それがたとえ自民党の政治家であっても、今の日本を託すことはできません。

個人的に好かれる、嫌われるは別として、安倍総理は日本の有事の際に舵取りの責任を荷う運命の中にある政治家だという気がします。

今の国際情勢の中で日本の舵取りをやれる人は、残念ながら、今そして近い未来も安倍総理しかおられないでしょう。だから、安倍おろしが行われているのです。

安倍総理が「失敗」したから、安倍おろしが始まったわけではありません。安倍総理が強烈な指導者だから、日本にとって不可欠な人材だから、おろされようとしているのです。国民の知恵として、私たちはそこに気づかなければいけないと強く思います。

◆「国難突破解散」で、日本はどうなる？

9月28日に、衆議院が解散されました。読者の方々が本書を手に取られる頃は、総選挙の結果が出ていることと思います。安倍総理は今回の解散を「国難突破解散」と名付けました。メディアや野党は「大義なき解散」などと批判していますが、このような批判自体が彼らの慌てぶりを示していて滑稽《こっけい》に感じました。

「解散反対」ということは、安倍総理に引き続き政権を担当しろということであり、「反安倍」の姿勢一本やりできた野党やメディアにとって矛盾する対応でしたが、彼ら自身その矛盾に気づいていなかったのです。

驚いたことに、野党第一党の民進党が小池百合子都知事率いる「希望の党」に合流を決めましたが、これは民進党の自己否定以外の何物でもありませんでした。つまり、当選するためには沈没する民進党を捨てて、勝てそうな希望の党の公認を求めるといった選挙民を馬鹿にする子供じみた行為でした。

ところが、メディアも民進党内部からもこの異常さに対する疑問が出てこなかったことは、我が国のメディアと野党の政治倫理意識の凋落《ちょうらく》を余すところなく示していました。

総選挙の結果を予測することは本書の目的ではありませんが、あえて言えば「希望の党ブーム」は思ったほどの高まりを見せないと思います。なぜなら、日本人の民度は高いからです。でき立てほやほやの寄せ集め新党にムードで投票する選挙民はそう多くないと私は思います。

希望の党に公認を拒否された民進党の左派リベラル勢力が新党「立憲民主党」を設立して、共産党などの左翼政党と共闘することになりました。それなら最初から新党をつくればよかったのにと思いますが、当初は希望の党からの出馬の魅力に負けたわけですから、今さらリベラルの結集などの掛け声は白々しく聞こえます。要するに、固いリベラル信念のある政治家でなかったことがばれてしまったのです。

以上の一連の動きを総括すれば、希望の党の設立と民進党の分裂は野党再編ではなく、「保守再編」を意味しているということです。今回の選挙では左派リベラル系議員の多くは落選すると思います。10月22日投開票の総選挙は、本書のテーマである「リベラルの自滅」を象徴する結果になると言えそうです。

これまで何度も指摘してきましたが、我が国の政治風土に二大政党制は馴染みません。なぜなら、国論を二分するような争点がないのです。自民党の公約と希望の党の公約との間に本質的な違いはありません。

したがって、希望の党は「第二保守党」の役割を果たすことになると思われます。いわば、自民党の派閥の一つのようなものです。共産党、社民党、立憲民主党の左派政党は影響力を喪失するほどの少数派に転落するでしょう。

我が国に左派リベラルは必要ないのです。将来の姿として、もう一段保守の再編が進む可能性があります。そのときに初めて、国柄に沿った政治が実現することになると期待しています。

第五章

「天皇譲位」を考える

日本再発見
その十五

理解し直すべき「天皇」の存在意義

◇「日本国憲法」第一条に書かれた、建国の精神

日本の「建国の精神」とは何でしょうか。まずは、「日本国憲法」第一条をお読みいただきたいと思います。「天皇は、日本国の象徴であり日本国民統合の象徴であって、この地位は、主権の存する日本国民の総意に基く」と書いてあります。

学校教育では、「天皇は象徴だ」ということしか教えてくれません。象徴とはどういう意味かということを教えてくれない。学校の先生が何も知らず、教えられないからです。

憲法では、通常、前文も同様ですが、第一条に最も重要なことが書かれています。つまり、建国の理念です。天皇のもとに国民が一致団結しているのが日本であるということが第一条には書いてあります。

そして天皇の地位は「主権の存する日本国民の総意に基く」。今、陛下の譲位問題について有識者会議、また政党の間でも議論されておりますが、残念ながら的外れの議論をやっておられると私は思います。

やや極論しますと、譲位というのは憲法第一条違反の恐れがあるのです。それくらい天皇の存在というのは大きいのです。

特別法で一代限りの譲位を認めることとは、日本の建国の理念に合っているのかどうかということを、私たちはもっと議論する必要があります。天皇陛下の譲位問題が国体の観点つまり建国の理念から議論されているのかどうかということです。

残念ながら、その観点からは議論されていません。天皇の地位は「主権の存する日本国民の総意に基く」とあります。

総意とは法律ではありません。総意とは信仰のことです。つまり、総意ということは、数では測れないということです。したがって、法律でこれを変更することはできません。そういうことを踏まえて、天皇譲位の問題は議論されなければならないと私は思います。私たちが、天皇とは何かということを理解し直す必要があるのです。

◇日本は天皇のもとにある「道義国家」

1937年（昭和12）に「国体の本義」という小冊子が時の文部省から発行されました。その中で、「天皇とは、高天原《たかまがはら》の大御心《おおみこころ》を体現して、日本を一つにまとめておられる方」と書かれています。したがって、神聖です。ですから、「神聖ニシテ侵スヘカラス」となります。

高天原の神々が持つ霊性に従って国を治めるということですから、日本は建国以来、道義国家つまり道徳観の高い国家であるということになります。日本の建国の精神とは、天皇のもとにある道義国家ということです。

「大日本帝国憲法」第一条には「大日本帝国ハ万世一系ノ天皇之ヲ統治ス」とあります。この「統治ス」がしばしば誤解を招きます。もともとは「シラス」、まとめるという意味でした。

英語で言う「ガバン（govern）」（統治）ではありません。天皇はもともと統治せず、常に「シラス」存在、日本国民をまとめる存在です。このことを理解するだけでも、日本はどういう国かということがわかります。

産業（日本の場合は農業ですが）を起こして国を安定させて初めて国が一つにまとまる。これが我が日本の建国の理念です。戦前の言葉で言えば「天壌無窮《てんじょうむきゅう》の神勅《しんちょく》」です。

◆国民の道徳劣化が生んだ譲位問題

前出した「国体の本義」では「天壌無窮の神勅」について「この神勅は、万世一系《ばんせいいっけい》の天皇の大御心であり、八百万ノ神《やおよろずのかみ》の念願であると共に、一切の国民の願である、従つて知ると知らざるとに拘らず、現実に存在し規律する命法である」とあります。

要するに、「万世一系の天皇の存在は私たち国民の信仰である」ということです。異次元の別の世界の出来事のように考えがちですが、しかし、私たちの日々の生活には、「天壌無窮の神勅」が生きているのです。

なぜ譲位問題が出てきたのか、天皇陛下の御心のうちは察しようもありません。いろいろな方が陛下の真意を憶測しますが、外から考えてわかるようなものではないと思います。

しかし、今、形として譲位問題が出てきたのはなぜなのか、私流に考えますと、今上天皇の意図がどのようなものかに関わりなく、私たち日本国民の道徳が劣化している象徴のような気がしてなりません。つまり、道義国家としての日本はどういう存在であるのかということを、国民が考え直さなければならない時期に来ているのではないでしょうか。

私たち国民が高天原の大御心から離れている、皇位を支えることができなくなっている、そういった状態に今あるということが、象徴的に表れているのではないかという気がしてなりません。それを取り戻すこと、もとに戻すことがジャパン・ファーストのＡでありＺであると思います。ジャパン・ファーストを実践していくためには、大御心から離れた私たち国民の気持ちを取り戻すところから始める必要があるのです。

◆有識者は『古事記』『日本書紀』を読んでいるか

有識者会議による天皇譲位問題についての最終報告書は、2017年の4月に提出されました。そのときの、今井敬座長と御厨貴《みくりやたかし》座長代理の記者会見、特に座長代理の発言に私は注目しました。

《天皇陛下のお気持ちが片方にあり、同時に国民の思いがあり、この2つとどういう距離感を保っていくのか。近すぎてもいけない、遠すぎてもいけないということを常に考えてきた》（産経ニュース・ネット版　2017年4月21日　有識者会議・今井敬座長、御厨貴座長代理の会見要旨）

そもそもこういうことはあり得ません。我が国の伝統から言えば、国民の思いと天皇陛下の思いが離れたりくっついたり、あるいは近すぎたり遠かったり、そういうことはありません。昔から君民一体と言われてきています。

私は、有識者会議のいわゆる有識者の方々は『古事記』、『日本書紀』を読みこなして臨まれたのかなという疑問をあらためて持ちました。決めつけは失礼かもしれませんが、おそらく読んでおられないと思います。読んでおられれば、そもそもこんなコメントは出てきません。

次に、有識者会議の最終報告を受けた産経新聞の社説です。

《皇族減少への対策を急ぐよう提言したのは評価できる。「女性宮家」は、一つの例外もない皇室の伝統を踏まえ、女系継承はあり得ないことが前提だ。旧宮家の皇籍復帰が、皇位継承の安定化を含め本筋の課題となるべきである》（産経ニュース・ネット版　２０１７年４月22日「主張」　譲位の最終報告　伝統を大切に法案整えよ）

皇族減少への対策が良からぬ方向に行く危険は、万が一にもあってはならないと思います。すでに野党の多くは、女性宮家の創設を言い始めています。

◇女性宮家の創設は国体の破壊工作

女性宮家の創設は、まさに我が国の伝統的な国体を壊す話です。今回の譲位問題に絡めて、国体の破壊工作が行われているということです。

産経新聞が言っているように、第一にやるべき対策は旧宮家の皇籍復帰です。これに尽きます。なぜ「旧宮家の皇籍復帰が行えないのか」の議論にならないのか、かえって不思議です。何か目に見えない力が働いているように思えてなりません。

旧皇族に復帰してもらえば解決する問題です。しかし、議論してきたのは、その周辺のことばかりです。第一子継承、女性宮家――、根は同じです。

女性宮家だから関係ないだろうということではありません。これはヴェールに包んである話であって、女系天皇という鎧《よろい》が見え隠れしています。そういうことに私たちは気づかなければいけません。

そもそも譲位問題が出てきたときから、私はおかしいと思っていました。2016年の7月13日に突然NHKがスクープとして報道しました。この一点をもってしても、工作であり謀略であることは明らかです。

有識者会議には、譲位問題の不透明さについての視点は残念ながらありません。『古事記』に、あるいは日本の伝統的な「国体」に基づかないようなコメントが平気で出てくることからもわかります。

天皇陛下のお気持ちと国民のお気持ちはひとつです。これが我が国体の最も重要な点です。日本を日本たらしめている最も重要なところです。

私は2015年に『政治・経済・信仰から読み解く日本「国体」の真実』（ビジネス社）という本を書きました。専門的な立場から書いたわけではありませんが、国体というものをどう理解すべきかについて述べてあります。

今回の議論を聞いていても、残念ながら現行憲法第一条の意味がやはり通じていないと考えざるを得ません。有識者会議のメンバーといえども、憲法第一条の意味を正しく理解されている方はどれ程おられるのでしょうか。「天皇の地位は主権の存する国民の総意に基づく」ということの意味は、主権者である国民が天皇の地位を云々できるという話ではありません。それがわからないから、国民投票によって皇室を云々できるという話にまでなってしまうのです。

主権は国民にあって構いませんが、国民が総意として天皇を支えてきている。だからこそ天皇は日本国民統合の象徴なのです。この憲法第一条の理念すら、今回の有識者会議は認識していなかったのではないかと思います。

日本国憲法だけではなく、天皇の存在意義までも含めて唯物論で理解しようとする学者がほとんどです。だから先ほどの座長代理のようなコメントにもなるのです。

唯物論では天皇は絶対にわかりません。畏《おそ》れながら私たちが天皇を議論するとき、人間また個人としての天皇をみて議論してはいけません。

今は唯物論的に議論しているわけです。男女平等などといった概念が入ってくるのはそのためです。

これは日本の建国の理念、建国の真髄、建国の本質に遡《さかのぼ》る話です。これらが我が国の2600年あるいはそれ以上の伝統を育んできたのです。皇位継承問題は、男女平等、人権思想、法律理論といった近代理論を振りかざして議論する問題ではありません。ひとえに、国体の真髄に基づいて議論すべき問題です。

◆天皇は「伝統」であり、私たちの「想い」である

天皇とは「伝統」の話であるのですから、私たちの「想い」の話です。そういう発想が根底になければ、天皇の問題は議論しても噛み合いません。

したがって私は、今回のような有識者会議そのものに危険性を覚えます。大日本帝国

憲法の作成を命じられた井上毅《いのうえこわし》が最初に行ったのは、『古事記』『日本書紀』を読み込むことでした。大日本帝国憲法はそういう強い想いの末にできました。

「占領憲法」とも言うべき現行の日本国憲法にはそんな想いはありません。しかし、第一条には、大日本帝国憲法以来の想い、もっと前からの、高天原以来の精神がかろうじて残されています。

私たちはその精神を守らなければいけません。このまま行けば、おそらくこの最終報告書にあるように、一回限りの譲位を認める特例法が認められると思います（2017年6月9日、「天皇の退位等に関する皇室典範特例法」成立）。

今から言ってもしかたがありませんが、やはり「譲位」は必要ではないと、私は今でも思います。一部の専門家の方もおっしゃっていましたが、「摂政」で十分に対応できる話ではなかったかと思います。

天皇陛下自らがビデオメッセージで摂政では具合が悪いという趣旨のことをおっしゃったということも、畏れ多いこととは思いますが、憲法上問題にならないわけではないと私は心配しています。

しかし、私たちの気持ちとして、2600年あるいはそれ以上にわたって一貫して天皇を支えてきた日本国民の気持ちとして、今回のようなやり方でよかったのかということは、私たちは今後ずっと反省してみる必要があるのではないかと思います。

日本再発見
その十六

譲位問題と眞子様婚約にみる報道の問題

◇眞子様婚約報道のタイミングの不思議

秋篠宮家の眞子様が婚約準備を進めておられるという報道があったのは、2017年5月のことでした。ご婚約そのものは非常におめでたいお話です。そのこと自体は、当然のことながらどうこう申し上げることではありません。

気になるのは報道の問題です。なぜこの段階で、このようなスクープ報道が行われたのか、やはり解《げ》せません。2016年の7月の譲位問題もテレビのスクープでした。天皇陛下のご意向もそうですが、本来は、宮内庁が正式に発表すればよいだけの話です。メディアとしても、すっぱぬき競争をやるような話ではありません。

おめでたい話ならなおさら、きちっとした宮内庁の発表のもとに物事がセットされ、国民として朗報をお慶び申し上げるというのが普通のやり方です。それが、なぜそうならないのかということが気になります。

産経新聞は、「女性宮家加速化」という珍しくはっきりしたタイトルで記事にしました。眞子様婚約準備の報道がなされたのは、国会で譲位に関する特例法の審議が始まるタイミングと一緒です。狙ったと言わざるを得ません。

おめでたい話だというのはその通りですが、どうしてこの時期にということに気づいた方も決して少なくないだろうと思います。私たちのメディアに対する免疫力が高まってきた証拠です。

２０１６年7月と同じような、既定路線だとの印象を与えるメディアのやり方は、国民にはすでに見透かされています。それをメディアの方が気づかなければいけません。

国会での議論開始を狙ったタイミングで出てきたのは、どうしてでしょうか。プリンセスである眞子様が現在の法体系の下で結婚されますと、皇籍を離脱することになります。もったいないという言い方は失礼ですが、もっと眞子様に活躍していただいたらどうかという意見が必ず出てきますし、すでに出てきています。女性宮家を創設して、引き続き公務に携わっていただこうという議論がこれでまた高まるわけです。

このような、我が国の国体の本質に関わるような問題が、メディアのスクープとして出る。私の想像の域を出るものではありませんが、宮内庁の一部の人間がメディアと結託して行っていることだと言わざるを得ません。

非常に由々しき事態です。こういうことが許される国であってはいけません。芸能人の婚約とは違います。

バラエティ番組などでどのような取り上げ方をしているかということを考えれば、このようなスクープは間違いなく反日工作です。

ミサイルを撃ち上げることばかりが戦争ではありません。我が国ではすでに内部で戦争が始まっています。内部から国家を破壊するというのも戦争のひとつです。むしろ我が国も含めた先進国では、内部から国家を破壊していくのが常套《じょうとう》手段です。

いかにも破壊活動だと見られないような形で行われるところが問題なのです。もちろん、今回の婚約問題を云々しているのではありません。十分婚約の手続きが終了していない段階でのスクープという報道のあり方を憂いているのです。

◆男系皇位による継承は日本の本質

おそらく左派政党は、女性宮家創設問題を今回の天皇陛下の譲位の特例法にさらに強引に絡めてきます。国論を二分する事態になります。

譲位に関する特例法は全党一致でやろうという趣旨であったと思います。各党が事前に国会の正副議長のもとで議論を行い、一定の方向を出し、スムーズに特例法を成立させようと、そういう手筈で進んでいたはずです。そこに、わざわざ女性宮家問題をクローズアップさせるような報道がなされたということなのです。

男系皇位による皇位継承は我が国の本質です。少しでも『古事記』を勉強すればわかることです。しかし、左派政党は言うに及ばず、自民党の中にも「女性天皇でもいいじゃないか」と言う幹部の方がいます。男女平等だからというのがその理由ですが、そういう発言が通用していること自体が、日本の危機です。

天照大神《あまてらすおおみかみ》のお孫さんの邇邇芸命《ににぎのみこと》が瑞穂《みずほ》の国に天降《あまくだ》って来られたとき、お付きはたくさん連れて来られたのですが、妻となるべき女神は連れて来られなかった。これが根底にあります。それで今日まで125代、神武天皇から今上天皇までずっと男系天皇による継承が行われてきました。

それを簡単に男女平等といった観点で議論していいはずがありません。我が国の国体に関する問題です。DNA説や染色体説など生物学的視点からの説得力のある議論はありますが、平たく言えば、天照大神の御心を体現し、天照大神の霊性を引き継いで行けるのは男系天皇のみなのです。それが我が国の伝統です。

女性宮家なり、もっと言えば女系天皇、かつてありました第一子が天皇になる説など、そういうことになれば伝統というものが絶たれます。天照大神の霊性というものが伝わらなくなります。

日本国の天皇が天皇である最大の根拠は、「天照大神の霊性を引き継いでおられる」という、この一点にあります。それがなくなるということは、日本の国体が変わるということです。

天皇と呼ばれる方はいらっしゃっても、高天原とは直接関係のない天皇陛下になってしまう恐れがあります。そういう危険性をも含む問題を、それこそ何ヵ月かの議論で片付けていいはずがありません。

◆もとの素晴らしい国に戻ればいい

ちなみに「男女平等」などと言いますが、何も私たちは男女平等ということを西洋から教えられたわけではありません。日本は昔から男女平等の国です。さらに言えば、日本は建国の昔からずっと自由であり、平等であり、博愛の国です。

フランス革命以降の西洋の思想を入れたから、日本に自由がもたらされ、民主主義がもたらされ、平等がもたらされ、博愛という思想がもたらされたわけではありません。

もともと日本は「自由で、平等で、博愛の国」です。

そういうことを私たちは戦後、一切勉強していません。学校でも教えませんし、話題になることすらなくなっています。

日本の場合は、高天原を地上で実現しようということで、邇邇芸命が天降られました。

このようにもともと素晴らしい国なのだから、国の行く末に問題が生じた場合は「もともとの素晴らしい国に戻ればいい」だけの話です。

西洋の一神教の歴史観は、進歩史観です。人類はだんだん成長し、だんだん進歩していくという史観です。発達史観と言ってもいいでしょう。常に良くないところからいいところに向かって進んでいる、発展しているという史観です。

しかし、日本の史観はまったく逆です。もともと立派なのだというのが日本です。それが時々曇ってしまうから戻る。問題があるたびに「復古」するというのが日本の歴史観です。

もともと人間の魂は完璧で、いろいろな状況と環境のもとで完璧さに傷がついてくるが、それは元に戻せばいいというのが、日本の伝統的な考え方です。これを神道で「祓《はらえ》」と表現しています。間違った想いや心を「祓」ば、元の完璧な魂が出てくるという発想です。

ですから、日本に革命はなく、明治維新もそうですが必ず「復古」です。良い世界に向かって進歩する歴史観はありません。天皇の継承問題も、結局そこからきているわけです。

◇「皇室問題」は今後、最大の焦点になる――

「天皇陛下の退位を認める特例法」は、2017年の6月に成立しました。一応成立しましたが、これからが本番だろうと思います。私は、何が起こるかわからないという悲観的な見方をしています。

退位は2年後ということですが、この間にまだまだ一波乱も二波乱もある、ということだと思います。皇室の問題あるいは皇位継承問題は、今や国際問題になってしまったのです。

皇室典範を女性差別だとして国連が介入しようとしたことがわかったのは2017年3月のことです。国連は、日本の固有の問題にすでに介入してきているわけです。皇位継承問題にも、必ず国連は介入してくるでしょう。すると日本の一部勢力、野党勢力は、これを逆利用して自分たちの主張を通そうとしてくるでしょう。

天皇陛下の退位問題が最初に出てきたのがNHKのスクープであったことから、私は水面下の様々な駆け引きというものを本能的に感じ取りました。それ以降、私は非常に心配しているわけですが、皇統の問題は言うまでもなく日本の国体の真髄に関わる問題です。

簡単に男女平等などといった問題で片付けられる問題ではないことは当然なのですが、残念ながら野党はもちろん、与党の中にも女性天皇あるいは女系天皇問題についてまったく意識の薄い人がいます。しかもその数が決して少なくないことを知り、私は驚きました。

日本の秩序はすでに緩んでいる、それどころではなく、かなり破壊されつつあります。実際に水面下で進行していることと、多くの国民が感じている日本との間のギャップが、あまりにも大きい。私が非常に心配しているのはそこです。

国際情勢の緊迫化と日本国内の破壊工作のこの二つが同時に進行しています。私たちはいろんな危機意識を持たなければいけません。私たちがいくら注意していても、危機は起こるときには起こります。しかし、危機意識を持って、想定してあたるのと、想定外のこととして逃げてしまうのでは雲泥《うんでい》の差があります。

私たち日本国民の意識が高まれば、現在いろいろと工作している人にとっての圧力になります。今までのようには簡単に工作できなくなります。

日本という国家、日本という社会を守るのは私たち一人ひとりである、という意味は、まさにそこにあります。

皇室問題がこれから最大の焦点になる——、ということをもう一度強調しておきたいと思います。

あとがき　～「リベラル」は自ら崩壊してゆく運命にある

リベラルは「破壊思想」です。

この事実を鋭く指摘したのは、芥川龍之介でした。短編小説「神神の微笑」の中で、キリスト教の布教にあたっていた宣教師オルガンティノに対し日本を古来守護してきた老人の霊は、「日本の力は破壊する力ではなく、造り変える力である」と喝破《かっぱ》しました。

芥川は普遍主義を唱えるキリスト教が破壊思想であり日本伝統の精神に合わないことを見抜きましたが、リベラルも破壊思想で日本の伝統とは相容れないのです。リベラルが目指すのは伝統文化の破壊であり、日本の伝統文化の破壊は終局的には日本国家の権威である「天皇の否定」に繋がるからです。

前書『グローバリズムの終焉』と本書『リベラルの自滅』は表裏一体の関係にあります。つまり、グローバリズムの擁護者であるリベラルは、グローバリズムの終焉と共に消滅する運命にあるわけです。グローバリズムの勢いが阻止された昨年のイギリスのE

U離脱決定とトランプ大統領の登場が、リベラルの自滅に繋がっているのです。

去る9月19日（2017年）のトランプ大統領の国連演説は、現在の国連が陥っているリベラル的な世界観、すなわち普遍的価値を口実に加盟国の内政に対する干渉政策を否定して、独立主権国家間の協力による世界平和を訴えました。

国連は加盟各国の主権尊重を前提に、加盟国間の相互理解を推進することによってこそ世界の安定と平和を達成することができることを高らかに宣言したのです。この演説はトランプ大統領の信念である「アメリカ・ファースト、各国ファースト」を国連のあるべき姿に投影したものです。

トランプ大統領があらためて明らかにした世界戦略は、国境（民族文化）を軽視する国際協調秩序に代わり、主権国家間の内政不干渉を原則とするウエストファリア体制に基づく世界平和を訴えたものとも言えます。

トランプ大統領が理想とする国連像は、我が国の伝統的思想である「八紘一宇《はっこういちう》」の精神に通底するものがあります。八紘一宇は初代神武天皇の詔《みことのり》で、現代風に解釈すれば「各国がそれぞれの独自性を発揮して互いに交流しながら、世界の屋根の下で幸せに暮らす」という意味になります。

ここでの重要な点は、各国が独自性を発揮して交流するという点です。各国の独自性は各国の民族文化に基づいています。つまり、各国は世界の平和のために民族文化を発揮して貢献することが求められていると言えるのです。各国の主権と世界平和は矛盾するどころか、世界平和の実現のためには主権国家としての役割を果たすことが各国の責務でもあるからです。

この点がリベラルの国際協調秩序と根本的に異なる点です。民族的価値よりも普遍的価値を重視するリベラル思想は、論理の必然として「国境廃止」に行き着きます。しかし、国境廃止が世界平和に繋がる保証はどこにもありません。まだ人類は国境を廃止した世界を経験していないから当然のことです。保証のない世界秩序を理想と論《あげつら》う手法は、かつての共産主義者の主張と似ています。ソ連共産主義は搾取のない理想社会を築くことに失敗し、あえなく崩壊してしまいました。

リベラルと国境廃止の関係は、アメリカの著名なジャーナリストであったウォルター・リップマンの思想遍歴を見れば明白です。ジャーナリストにとって最も名誉あるピューリッツアー賞を二度も受賞したリップマンは、ウッドロウ・ウィルソン大統領の側近であった頃は社会主義者で、第二次世界大戦前後にはリベラルとなり、１９６０年代にはネオコンの論客として生涯を終えました。

とすると、リップマンは左翼から右翼へ変質したと見られがちですが、そうではありません。リップマンは生涯「国際主義者」だったのです。つまり、社会主義もリベラルもネオコンも共通項は「国際主義」なのです。国際主義とはグローバリズムのことであり、国境をなくして世界を統一しようとする思想なのです。

国境を廃止して民族文化を否定すると道徳的価値を失います。言うまでもなく、道徳とは共同体の倫理であるからです。共同体を否定して民族的価値よりも普遍的価値を上位に置くリベラリズムは、結局「道徳」を喪失する運命にあるのです。

残るのは、普遍的価値という唯物的価値観です。普遍的価値が唯物的価値である理由は明白です。誰もが反対できない綺麗事の価値観というのは目に見える唯物的発想からしか出てこないのです。精神的、霊性的価値は民族的文化から生まれるものであり、唯物論からは絶対に導き出すことはできません。このように、リベラルは自ら崩壊してゆく運命にあるのです。

私たちはリベラルの呪縛を払拭《ふっしょく》し、自らの属する共同体によって育まれてきた共同体倫理意識を回復する必要があります。それこそが、グローバリズムが終焉を迎えようとしている今日の世界において、私たちが生き残ることができる鍵なのです。

＊

本書がシリーズ「日本再発見講座」の第3弾として出版に至ったのは、これまでと同様ＤＨＣテレビの濱田麻記子社長の励ましのお蔭です。編集は今回もＫＫベストセラーズの武江浩企氏が担当してくれました。御二人に感謝申し上げます。

平成二十九年十月吉日

馬渕睦夫

※本書の引用部分につきまして、原文の記述を損なわない範囲で一部要約した箇所があります。
また、歴史的仮名遣い及び正漢字も、新仮名遣い及び新漢字に変更した箇所があります。
※敬称につきまして、一部省略いたしました。役職は当時のものです。

◎著者略歴
馬渕睦夫（まぶち・むつお）
元駐ウクライナ兼モルドバ大使、元防衛大学校教授、現吉備国際大学客員教授。1946年京都府生まれ。京都大学法学部3年在学中に外務公務員採用上級試験に合格し、1968年外務省入省。1971年研修先のイギリス・ケンブリッジ大学経済学部卒業。2000年駐キューバ大使、2005年駐ウクライナ兼モルドバ大使を経て、2008年11月外務省退官。同年防衛大学校教授に就任し、2011年3月定年退職。2014年4月より現職。
著書に、『2017年 世界最終戦争の正体』（宝島社）、『アメリカ大統領を操る黒幕：トランプ失脚の条件』（小学館）、『アメリカの社会主義者が日米戦争を仕組んだ』『和の国・日本の民主主義』『グローバリズムの終焉』（小社）などがある。

リベラルの自滅《じめつ》 「日本再発見《にほんさいはっけん》」講座《こうざ》Ⅲ

2017年11月5日　初版第1刷発行

著　者　馬渕睦夫《まぶちむつお》
発行者　栗原武夫
発行所　KKベストセラーズ
〒170-8457
東京都豊島区南大塚2-29-7
電話 03-5976-9121
http://www.kk-bestsellers.com/

印刷所　近代美術株式会社
製本所　ナショナル製本協同組合
ＤＴＰ　株式会社三協美術
装　幀　フロッグキングスタジオ
編集協力　株式会社DHCテレビジョン

定価はカバーに表示してあります。
乱丁、落丁本がございましたら、お取り替えいたします。

ISBN 978-4-584-13820-5 C0095